LA DISSERTATION LITTÉRAIRE

Jean PAPPE
Agrégé de Lettres classiques
Professeur en classes préparatoires au lycée Jean Jaurès à Reims

Daniel ROCHE
Agrégé de Lettres classiques
Professeur en classes préparatoires au lycée Jean Jaurès à Reims

LA DISSERTATION LITTÉRAIRE

ouvrage publié sous la direction de
Alain Pagès

ARMAND COLIN

Internet : http://www.armand-colin.com

ISBN : 978-2-200-34091-9

SOMMAIRE

AU LECTEUR

La dissertation est omniprésente dans notre système universitaire : on la pratique aussi bien en histoire ou en philosophie qu'en français, et ce du bac à l'agrégation. Or on peut craindre qu'elle ne soit mal vue. Mal vue en tant qu'image de la pesanteur scolaire (encore un mot en -tion, que certains feraient peut-être volontiers rimer avec « détestation »). Mal vue aussi, en un autre sens, du fait de sa polyvalence : qu'y a-t-il de commun (et de différent) entre la dissertation d'un élève de première et celle d'un agrégatif ? entre une dissertation de français et une dissertation de philosophie ? ou, pour ne parler que du français, entre une dissertation générale et une dissertation sur une œuvre ou sur un auteur ? Bref, qu'est-ce qu'une dissertation ?

Et d'abord d'où vient sa prééminence — typiquement française ? Jusqu'au XIXe siècle, la dissertation était affaire de spécialistes, savants et lettrés, et consistait soit à développer un point de doctrine, soit à faire de la critique littéraire à l'usage des « honnêtes gens » (cf. les *Dissertations* de l'abbé d'Aubignac, un « docte » du XVIIe siècle, sur le théâtre de Corneille). La dissertation correspondait alors pleinement à son étymologie, qui la fait venir indirectement du verbe latin *serere* : « entrelacer, tresser » ; elle était à la fois art d'enchaîner les idées et de tresser une guirlande... de fleurs de rhétorique.

Au XIXe siècle la dissertation est apparue dans le monde de l'enseignement, d'abord au plus haut niveau (doctorat, agrégation), puis, après 1850, dans l'enseignement secondaire, notamment dans la classe de rhétorique (l'actuelle première). Cette vulgarisation s'est accompagnée d'une volonté de rupture avec la tradition rhétorique qui marquait jusqu'alors l'enseignement secondaire. Comme l'a montré Gérard Genette[1], au début du

1. G. Genette, « Rhétorique et enseignement », *Figures II*, éd. Points-Seuil, 1979.

XIXe siècle, les œuvres littéraires n'étaient pas seulement des objets d'étude, mais aussi des modèles de style : les lycéens leur empruntaient les figures de rhétorique et les procédés poétiques dont ils ornaient leur propre discours. Après 1870, la pratique scolaire subit l'influence du scientisme triomphant. C'est désormais comme pur objet de savoir qu'est appréhendée la littérature, plus précisément l'histoire littéraire et les fleurs de rhétorique sont sacrifiées à une exigence de clarté, d'objectivité et de rigueur. Comme l'écrit G. Genette, le triomphe de la dissertation marque le moment où « le discours scolaire cesse d'être un discours littéraire pour devenir un discours sur la littérature ».

Mais G. Genette montre également que la rhétorique, prétendument évincée de cette nouvelle dissertation « scientifique », continue de s'y manifester dans les exigences concernant l'organisation du discours (la *dispositio* de l'ancienne rhétorique) : il évoque « la mystique du plan », obligatoirement ternaire et obéissant à une « progression dialectique », et met en cause le formalisme qui en résulte.

C'est effectivement en refusant de s'avouer que la rhétorique a le plus de chances de dériver vers le formalisme et qu'elle est source de désarroi pour les étudiants invités à jouer à un jeu dont on ne leur donne pas les règles. Considérer au contraire la dissertation comme un jeu qui a ses règles, c'est en appréhender les contraintes, mais aussi la dimension ludique (elle en devient moins rébarbative).

Mais ce n'est pas un jeu gratuit. Ces règles correspondent à un souci d'efficacité, qui est d'ailleurs à l'origine de la rhétorique : il faut savoir persuader, et, pour commencer, se faire comprendre. Elles correspondent également à une méthode de pensée associant l'analyse à la synthèse : il s'agit d'apprendre à lire un énoncé, mais aussi une œuvre littéraire ou une étude critique, pour y trouver réponse à des questions qu'on s'est posées en élaborant une problématique. Il s'agit aussi d'apprendre à développer sa réflexion, et, ce faisant, à l'ajuster et à l'approfondir.

Il s'agit enfin de vérifier constamment le bien-fondé de cette réflexion en la confrontant aux textes. Si la dissertation philosophique tolère une argumentation plus abstraite, la dissertation littéraire doit équilibrer une certaine subjectivité (une œuvre littéraire se prête à des lectures multiples et par conséquent à des interprétations personnelles) par l'élément d'objectivité que constituent citations et références.

Nous multiplierons nous-mêmes les exemples au cours de l'exposé méthodologique qui constituera une première partie, substantielle, de l'ouvrage, et nous y introduirons également des renvois aux sujets traités dans une seconde partie. Ces sujets seront classés par genres pour des raisons d'ordre pratique, mais ils seront choisis en fonction de leur intérêt méthodologique : pour l'aspect scientifique, il conviendra de se reporter à la bibliographie d'ouvrages spécialisés.

À ce propos, nous avons conscience des problèmes que posent aux étudiants la complexité et la sophistication croissantes de la critique littéraire. Certains rejettent en bloc la « nouvelle critique » et courent le risque de se réfugier dans un discours périmé ; d'autres adoptent un modernisme qui, mal digéré, dégénère en jargon. Tout en évitant de « bombarder » nos lecteurs de termes trop techniques (l'approche moderne d'un texte n'implique pas forcément un discours ésotérique), nous n'hésiterons pas à faire intervenir des concepts récents lorsqu'un sujet y invitera, non sans donner les éclaircissements nécessaires. Un glossaire définit les termes marqués d'un astérisque.

En résumé, nous ne cherchons pas à proposer des recettes ni des corrigés modèles (d'ailleurs l'analyse de certains sujets ne débouchera que sur un plan détaillé ou sur des indications pour la mise en place de la dissertation). Mais nous examinerons les problèmes que pose la dissertation et les moyens de les résoudre, et nous voudrions que, tout en prenant conscience progressivement des difficultés et de la complexité de cet exercice, les étudiants soient confiants en leurs capacités à les surmonter et fassent de la dissertation l'outil d'une culture maîtrisée.

DU SUJET À LA PROBLÉMATIQUE

1. Le sujet

Au commencement est le sujet. Étymologiquement, *subjectum* est ce qui est « mis sous… », « soumis ». Le sujet est donc ce qui fonde la dissertation et donc ce qui autorise la sanction impitoyable de l'erreur la plus grave : le « hors-sujet ». Ainsi, si le sujet est soumis au candidat, celui-ci s'y trouve également soumis ; même s'il a eu le choix (entre plusieurs types d'exercices ou entre plusieurs sujets), sa liberté est fortement contrainte. Tel est le sens des libellés où domine la fonction impressive* ; le futur y a sa valeur impérative : « vous commenterez et discuterez… », « vous direz quelles opinions vous inspirent… » ; les questions impliquent par elles-mêmes une réponse. On peut remarquer que si le destinataire de ces énoncés est clairement indiqué (« vous »), l'émetteur de la consigne est souvent implicite : qui invite à « commenter », au nom de quoi ? Faut-il confondre le correcteur avec l'institution qui fonde la pérennité de l'exercice ? Il y a là encore, peut-être, une part de jeu où saura s'exercer la liberté du « scripteur ».

Il importe donc avant tout de lire l'énoncé du sujet, c'est-à-dire de l'analyser avec méthode. Ce qui différencie un sujet proposé au baccalauréat d'un sujet d'agrégation, c'est peut-être, plus que la complexité des problématiques qui seront abordées, la difficulté qu'il y a à saisir le « sens » du sujet, l'orientation que doit prendre la réflexion.

Cette lecture demande du temps, de la rigueur et de la précision. En temps libre, elle est facilitée par les « usuels » dont nous traiterons au chapitre 3. Elle est toujours une véritable explication de texte qui, certes, ne doit pas figurer telle quelle dans le devoir rédigé, mais qui en constitue le fondement. La brièveté de certains énoncés ne saurait en dispenser : elle est au contraire un signe de leur complexité.

On peut distinguer deux grands types d'énoncés :

– dans le premier, l'émetteur, unique, reste implicite, qu'il s'agisse d'une question (« Qu'est-ce qu'un beau vers ? ») ou d'une assertion à valeur programmatique (« L'ironie de Flaubert dans *Madame Bovary »).* Ces énoncés jouent avec des notions, souvent empruntées « à l'opinion commune », forcément floues. « On » attend donc que la dissertation les précise ;

– dans le second, un émetteur est repérable par la présence de guillemets qui introduisent une citation ; il peut s'agir d'un « critique contemporain » dont la notoriété importe peu (ou dont on suppose que l'étudiant saura l'identifier) ou d'un auteur dont on mentionne le nom en donnant également les références de la citation. Cette opinion, il faut alors, selon la consigne la plus répandue et à laquelle se ramènent finalement toutes les autres, la « commenter et discuter ».

Point de méthode

Dans tous les cas il faut lire attentivement l'énoncé :

- pour bien comprendre le sens de chaque terme ;
- pour saisir les rapports des termes entre eux ;
- pour définir la question posée ;
- pour déterminer une problématique.

2. Comment aborder les différentes formes d'énoncé

L'énoncé peut prendre différentes formes :

– une question : « Qu'est-ce qu'un beau vers ? » ;

– une notion à définir : « Le roman historique » ;

– plusieurs notions mises en relation : « Théâtre et littérature » ;

– une citation plus ou moins longue, soit d'auteur, soit de critique, accompagnée d'une formule qui en indique le mode d'emploi : « Commentez cette formule de R. Barthes : "La poésie moderne est une poésie objective." »

2.1 Une question

Ce type d'énoncé peut paraître plus facile que les autres, puisqu'il fournit lui-même une question. Encore faut-il bien lire la question posée (cf. p. 57, sujet 1). Une question peut en cacher une autre.

Ainsi la question « Qu'est-ce qu'un beau vers ? » n'invite pas seulement à s'interroger sur les éléments susceptibles de composer un « beau vers », sur le poids dont pèsent respectivement le signifié et le signifiant et sur la relation entre l'un et l'autre (cf. le fameux vers de *Phèdre* — « La fille de Minos et de Pasiphaé » — cité par l'abbé Brémond comme exemple de poésie pure, *i.e.* de vers purement musical, mais qui doit être aussi considéré comme concentration et plénitude de sens, puisqu'il résume la fatalité héréditaire qui pèse sur Phèdre). Il y a lieu également de mettre en question une esthétique du « beau vers », dans la mesure où elle méconnaîtrait qu'un poème forme un tout (Apollinaire s'est amusé de cette esthétique dans un poème d'*Alcools* intitulé « Chantre » et constitué précisément d'un vers unique : « Et l'unique cordeau des trompettes marines »).

La question simple se révèle ainsi souvent être une question double.

C'est le cas des énoncés proposant de s'interroger sur le titre d'une œuvre, par exemple : « *La Chartreuse de Parme*, est-ce un "bon titre" ? » La question porte autant sur la notion de bon titre que sur le titre particulier proposé par l'énoncé (celui-ci met entre guillemets l'expression « bon titre » pour attirer précisément l'attention sur cette appellation et la mettre en question).

Qu'attend-on d'un titre ? Qu'y trouve-t-on ? Voilà ce qu'il faut d'abord se demander, et la confrontation du titre proposé avec d'autres titres est une étape utile. On serait de prime abord tenté de penser qu'un titre est comme l'étiquette d'un produit et qu'il est bon lorsqu'il indique la nature du produit. À cette enseigne, Balzac propose de bons titres lorsqu'il désigne le héros (*Eugénie Grandet*) ou évoque l'idée directrice (*Illusions perdues*) de son roman. *Les*

Liaisons dangereuses est une variante sophistiquée de ce type de titre, qu'on pourrait appeler le titre-référentiel. Laclos raffine en annonçant à la fois le propos de son roman (il veut attirer l'attention sur ce qu'un des personnages appelle « le danger des liaisons », au sens à la fois mondain et psychologique du terme) et la forme adoptée (les risques que comporte la relation épistolaire... et peut-être la lecture d'un roman épistolaire comme le sien).

Mais en affichant des intentions morales, le titre de Laclos attire également l'attention sur le contenu quelque peu « sulfureux » du roman, ce qui est une manière de lui faire de la publicité, autre fonction du titre (c'est le titre qui frappe le lecteur éventuel). Le caractère accrocheur du titre prend une forme caricaturale dans la littérature dite « de bas étage », à coups de clins d'œil et de grossiers calembours (cf. les titres de « polars » du style *Une poule et des poulets*, titre d'un roman de J. Bruce). C'est là que la notion de « bon titre » exige les guillemets.

Et *La Chartreuse de Parme* ? Ce titre semble très faiblement référentiel (il pourrait même passer pour une parodie* du titre-référentiel) : Stendhal indique simplement, tout à la fin du roman, que Fabrice se retire à la Chartreuse de Parme après la mort de Clélia, et — allusivement — qu'il y meurt un an après. Il est plutôt fascinant qu'accrocheur, par la séduction de ses sonorités et le rapprochement assez mystérieux des deux noms propres ; on pourrait l'appeler titre poétique, et lui appliquer la réflexion qu'U. Eco faisait à propos de son propre roman, *Le Nom de la rose* : « Un titre doit embrouiller les idées, non les embrigader ». Mais le titre poétique est apte également à signifier d'une manière indirecte et plus profonde : celui de Stendhal met en exergue le renoncement final à la vie du héros, « ce qui ne peut se ramener au récit » (cf. p. 65, sujet 2) mais constitue en définitive le sens de l'œuvre.

Quand l'énoncé est interrogatif, il y a donc lieu de questionner la question posée.

2.2 Une notion à définir

Il en est de même lorsque l'énoncé propose une notion à définir. Il ne s'agit pas simplement d'exposer des connaissances, ce qui risquerait de se traduire par la récitation d'un ouvrage d'histoire littéraire, mais de découvrir en quoi la notion proposée pose un problème.

Par exemple, l'énoncé « Le roman historique » est une invitation à réfléchir sur la confrontation entre le roman et l'histoire : le roman raconte une histoire fictive et tend à mettre en scène des personnages et une époque proches du lecteur (cf. p. 65, sujet 2) tandis que l'histoire relate des événements réels, suppose un recul temporel et s'intéresse surtout à des personnages hors du commun.

Roman et histoire constituent deux formes narratives qui se sont concurrencées parfois, notamment au XVIIIe siècle où le roman a lorgné du côté de l'histoire pour se donner un label d'authenticité (et cautionner souvent ainsi un romanesque débridé). En même temps, l'histoire est un réservoir de sujets romanesques bénéficiant à la fois du prestige des grands de ce monde et de l'aura du passé. C'est ainsi que le romantisme a cherché dans le roman historique les modèles d'une existence passionnée et aventureuse et d'un type de société qu'il opposait implicitement à la platitude d'un présent dégradé (le roman historique nourrit alors à la fois la protestation idéologique et le besoin d'exotisme). Mathide de la Môle témoigne de cet état d'esprit.

Mais il faut aussi envisager la relation entre roman et histoire en sens inverse : en même temps que le roman se sert de l'histoire, il va contribuer à envisager l'histoire autrement. Balzac s'inspire de W. Scott, mais *La Comédie humaine se* situe non au Moyen Âge, mais sous la Restauration, *i.e.* à une époque toute proche et qui ne diffère guère de celle où écrit Balzac. Le romancier devient un historien du présent, et d'une histoire qui se fait non au niveau des grands personnages et des grands événements, mais à celui de la vie quotidienne. C'est cette histoire-là que privilégient à leur tour au XXe siècle les historiens de l'École des Annales. Même lorsqu'un Aragon reprend la matière du roman historique traditionnel dans *La Semaine sainte* pour raconter un événement historique : la fuite de Louis XVIII au début des Cent-Jours, il rompt avec la tradition du héros-acteur de l'histoire : son héros est un personnage historique puisqu'il s'agit du peintre Géricault, mais c'est moins un acteur qu'un témoin ballotté par l'histoire et s'efforçant d'y trouver un sens.

2.3 Plusieurs notions mises en relation

Lorsque l'énoncé comporte explicitement plusieurs notions, l'analyse doit porter à la fois sur le sens de chaque notion et sur leur rapport, car sens et rapport peuvent varier en fonction l'un de l'autre. Sous sa forme la plus simple, ce type d'énoncé associe deux notions par la copule « et ». Cette copule neutre ouvre largement le champ des relations sémantiques (inclusion, coextension…) et logiques (similarité, opposition…) entre les deux notions.

Soit l'énoncé « Théâtre et littérature ». On pourrait dire que les deux notions sont en relation d'inclusion réciproque. Le théâtre fait partie de la littérature en ce sens qu'il existe une littérature dramatique, et la littérature fait partie du théâtre en ce sens que le texte de la pièce est un des éléments du langage théâtral qui se déploie sur la scène (au même titre que le décor, les éclairages, etc.). Le sujet comporte donc deux aspects : la littérature en tant qu'elle est faite pour le théâtre, *i.e.* pour être représentée, et la place du texte littéraire dans le cadre de cette représentation.

Sur le premier point, on peut prolonger l'analyse. La littérature, étymologiquement, c'est le langage écrit. Or l'écriture théâtrale est paradoxale : ce qui y est littéraire (les répliques des personnages — leur caractère littéraire est parfois signifié par l'utilisation du vers) n'est pas, en principe, écriture, mais parole, tandis que ce qui n'est qu'écriture (les didascalies, faites pour être lues, non pour être dites) n'est pas en principe littéraire. L'écriture dramatique se nourrit de ces paradoxes : d'un côté le dialogue de théâtre ne se confond jamais avec la langue parlée et l'auteur dramatique y affirme son style, alors qu'il devrait s'effacer derrière le langage propre à chacun de ses personnages ; de l'autre, la didascalie, langage neutre qui postule son propre effacement (la didascalie anticipe sur la représentation qui doit lui substituer gestes, décors, etc.) se développe d'autant plus que le théâtre devient moins littéraire (*i.e.* à mesure que l'auteur accorde plus d'importance à la représentation), mais a tendance à devenir elle-même littéraire (cf. les didascalies de Claudel ou de Beckett).

Le second point est le lieu d'un affrontement entre ceux qui considèrent que la mise en scène est au service du texte, qu'elle doit donc être à la fois fidèle et discrète (dégoûtés d'un théâtre trop asservi au spectacle, certains auteurs — Musset, Hugo — ont renoncé à porter leurs pièces à la scène) et ceux qui proclament, comme Artaud, que le véritable auteur, c'est le metteur en scène, *i.e.* celui qui manie les différents langages de la scène. La littérature est du même coup récusée, en ce qu'elle fige le théâtre, au profit de ce qu'Artaud appelle un langage « physique », ou de l'improvisation. Le théâtre moderne se nourrit pour une bonne part de la tension engendrée par cet affrontement entre théâtre et littérature.

Ce type d'énoncé, qu'on pourrait appeler énoncé dialectique, peut se présenter de diverses manières, et il faut faire attention à l'élément qui relie les notions présentées.

Soit l'énoncé : « L'engagement en littérature ». Si on consulte le dictionnaire, on s'aperçoit que le mot « engagement » est apparu en 1945 dans le sens qui est ici utilisé, *i.e.* pour désigner l'attitude d'un artiste qui met son art au service d'une cause. Mais la chose est bien antérieure (on peut remonter à Démosthène luttant pour préserver la démocratie athénienne ou, en France, aux prises de position du protestant d'Aubigné et du catholique Ronsard à l'époque des guerres de Religion). L'énoncé invite donc à s'interroger sur les raisons qui peuvent pousser un écrivain à s'engager (contexte social, idée qu'il se fait de son rôle) et sur la manière dont il le fait (formes littéraires choisies). Mais il invite aussi à s'interroger sur la légitimité de cet engagement. La littérature engagée est accusée de trahir l'art. À partir de là, l'énoncé peut être compris autrement : le seul engagement légitime pour un écrivain devient l'engagement au service de la littérature. Ainsi peut-on dire que Flaubert s'est engagé en littérature en réaction contre le romantisme social. L'ambivalence de l'énoncé correspond d'ailleurs à l'ambiguïté de la situation de l'écrivain, souvent évoquée dans la littérature à partir du XIXe siècle. En témoignent les efforts du romantisme pour défendre à la fois l'utilité et l'autonomie de l'art, les tribulations des surréalistes avec le parti communiste ou les réflexions d'un Robbe-Grillet dénonçant le réalisme socialiste et concluant que c'est en s'occupant des problèmes de son propre langage qu'un écrivain peut éventuellement servir la révolution.

La problématique peut aussi surgir de la réflexion sur l'emploi un peu particulier d'un mot.

Soit l'énoncé suivant portant sur une pièce de Camus, *Caligula* : « Caligula, un personnage théâtral. » On parle d'une œuvre ou d'une représentation théâtrale, mais d'un personnage de théâtre, pour signifier simplement l'appartenance au genre. L'adjectif ne constitue donc pas une lapalissade, mais est employé ici au sens 3 du dictionnaire Robert : « qui a le côté artificiel, emphatique, outré du théâtre ». Caligula est envisagé en tant qu'il « fait du théâtre », comme on dit plus couramment aujourd'hui de quelqu'un qu'il « fait du cinéma ». Cette théâtralité recoupe l'image que donnent les historiens latins du Caligula réel, hystérique, sujet à des crises d'épilepsie. Mais il faut aussi se demander ce que fait Camus de cette théâtralité. Il ne se borne pas à analyser un comportement pathologique : c'est délibérément et systématiquement que son personnage se fait non seulement acteur, mais metteur en scène de sa propre vie et de celle des autres, transformant l'existence en théâtre pour en dénoncer l'absurdité. Camus reprend ici la vieille tradition du théâtre dans le théâtre (cf. *L'Illusion comique, Hamlet*) comme le font aussi Sartre (*Kean*) ou J. Genet. Se trouvent ainsi mis en question la vie (accusée d'être illusoire) et le théâtre (en tant que pédagogie de la cruauté). L'analyse d'un mot peut donc mener assez loin et déboucher sur toute une problématique.

2.4 Une citation

Analyser la citation peut se faire en lui appliquant une série de questions. Certes cette grille d'analyse est à employer avec souplesse : tous les questionnements ne seront pas toujours pertinents, voire possibles. Mais les réponses que la réflexion y apportera aideront à cerner les enjeux du sujet. Nous allons l'appliquer au sujet suivant :

> En vous référant à votre pratique personnelle des textes littéraires et en vous appuyant sur des exemples précis, vous vous interrogerez sur ces réflexions de Julien Gracq :
>
> « Seules, presque toujours, en matière d'analyse littéraire, me convainquent par leur justesse immédiate les remarques qui naissent d'une observation presque ponctuelle (les remarques de Proust sur l'emploi de l'imparfait chez Flaubert, précises quant à leur objet, limitées quant à leur portée, en seraient un bon exemple). Tout ce qui théorise, tout ce qui généralise par trop dans la "science de la littérature", et même dans la simple critique, me paraît sujet à caution. Un impressionnisme à multiples facettes, analogue à ces fragments de cartes à très grande échelle, impossibles à assembler exactement entre

eux, mais aussi, pris un à un, presque rigoureusement fidèles, c'est peut-être la meilleure carte qu'on puisse dresser des voies et des moyens, des provinces et des chemins de la littérature. »

(*En lisant, en écrivant*, José Corti, 1981, p. 179-180).

L'énonciation

On s'attachera d'abord à repérer les **indices de la présence de l'émetteur** : pronoms personnels, ou plus généralement de la **situation de communication** : déictiques*. Cette première approche permettra de distinguer la forme subjective (opinion, croyance, jugement) de la forme objective (constat, définition).

Dans la citation de Gracq, les formules « me convainquent », « me paraît » des deux premières phrases réfèrent à une expérience personnelle ; il est significatif qu'elles s'effacent par la suite, pour fonder une affirmation de portée générale : « qu'on puisse dresser ». Il conviendra donc ici de s'interroger aussi sur cette démarche qui, paradoxalement, « théorise » une opinion personnelle.

On s'attachera aussi aux **modalités** qui permettent de repérer le dogmatisme par des généralisations (« toujours », « partout ») voire l'intention polémique, notamment par les hyperboles, ou, au contraire, l'expression nuancée de la pensée.

C'est le cas ici, où trois « presque » (« presque toujours », « presque ponctuelle », « presque rigoureusement fidèles »), un « trop » (« ce qui généralise par trop »), le conditionnel (« en seraient un bon exemple »), les modalisateurs* « paraître » (« me paraît sujet à caution ») et « peut-être » (« c'est peut-être la meilleure carte ») manifestent, de la part de Julien Gracq une volonté de nuancer. Il serait alors très maladroit de radicaliser la position de Gracq pour la contredire plus facilement.

Les références de la citation

• L'auteur : sa connaissance, sans être indispensable, est souvent fort utile. Elle évite les contresens grossiers, les anachronismes, permet de mieux cerner les enjeux d'une affirmation polémique.

Ici l'analogie avec la cartographie s'éclaire si l'on sait que J. Gracq a fait des études supérieures de géographie et qu'il aime autant les livres que les « grands chemins ». Au-delà de la biographie, la démarche critique de Gracq illustre bien, par son caractère fragmentaire et souvent métaphorique, les « multiples facettes » de l'impressionnisme qu'il propose ici.

• L'œuvre : là encore sa connaissance peut éclairer. En particulier, en temps libre, on se reportera systématiquement au contexte de la citation pour en préciser la portée. Mais le simple titre peut donner des indications sur la portée de la citation.

C'est particulièrement sensible ici : les minuscules, l'opposition entre le romain et l'italique, la disposition même ont une valeur de programme : humilité, discontinuité, voire distorsion entre deux « pratiques » que rapproche cependant la forme progressive et l'homéotéleute, *i.e.* la répétition, en prose, dans les fins de phrases ou de membre de phrases, de mots qui ont même finale. Le titre dit déjà combien ces « notes de lecture » refusent tout projet globalisant et entendent par là rester au plus près du « terrain ».

• La date : elle permet de situer l'affirmation dans le mouvement des idées, voire de préciser sa valeur dans un débat, une polémique. Elle est, au sens fort du terme, une *référence*.

Ainsi, 1981 et, dans la citation, l'expression, donnée entre guillemets, de « science de la littérature », renvoient à la « nouvelle critique » des années soixante qui, forte des méthodes et des concepts des sciences humaines, visait à constituer une « théorie littéraire » (titre d'un ouvrage de Wellek et Warren paru en France en 1971). Mais elle se situe après la polémique opposant la « paléocritique » à la « nouvelle imposture », quand les initiateurs des « chemins actuels de la critique » prennent eux-mêmes leurs distances avec les théorisations excessives. Gracq est alors très proche des *Microlectures* de J. P. Richard (1979) ou du *Parcours critique* de Doubrovski (1980). Ainsi replacée dans son contexte historique, l'affirmation de Gracq pouvait s'apprécier comme un moment de la « critique de la critique » que réclame alors Todorov.

L'analyse détaillée

On procédera différemment selon la longueur de la citation.

• Par son caractère formulaire, la **citation courte** se rapproche de la confrontation de notions. Mais, même si son auteur est simplement un critique, son langage peut présenter un caractère littéraire qui oblige à faire spécialement attention au sens des mots.

Soit la citation de Roland Barthes : « La poésie moderne est une poésie objective. » Cet énoncé est particulièrement délicat à cause de l'ambiguïté des deux adjectifs qu'elle comporte. Sans doute Barthes se souvient-il de deux textes de Rimbaud : « Adieu », à la fin d'*Une saison en enfer* (« Il faut être absolument moderne »), et la lettre où Rimbaud reproche à son maître Izambard de ne concevoir la poésie que comme subjective et appelle de ses vœux « la poésie objective », vrai moyen de se conformer au principe selon lequel « on se doit à la société ». Ces rappels mettent en évidence ce qu'il peut y avoir de paradoxal dans la formule (la modernité est en principe une notion toute relative, et la poésie est considérée comme le genre subjectif par excellence). Ils invitent à considérer que l'adjectif « moderne » désigne non seulement une période de l'histoire de la poésie, mais une façon de définir l'entreprise poétique, la notion de modernité remplaçant en quelque sorte la notion d'éternité volontiers associée au langage poétique. La notion d'objectivité elle aussi semble ici avoir un sens particulier : il faut éviter de la confondre avec l'impersonnalité que pratiquaient à l'époque de Rimbaud les poètes du Parnasse, et chercher plutôt cette objectivité soit du côté du moi se découvrant objet (« on me pense », écrit Rimbaud, intuition qui annonce la découverte de l'inconscient), soit du côté du langage, dans le surgissement mystérieux du mot (comme le dit Barthes dans le même passage du *Degré zéro de l'écriture,* « l'éclatement du mot poétique institue un objet absolu »).

D'autre part, si l'auteur de la citation est connu, la référence à son œuvre, à ses conceptions esthétiques, au contexte historique dans lequel il écrivait peut intervenir dans l'analyse.

Prenons une citation de Valéry : « Le lyrisme est le développement d'une exclamation. » C'est un énoncé plus complexe que les précédents, puisqu'il institue une relation hiérarchique entre trois notions : la préposition « de » relie hiérarchiquement « développement » et « exclamation » puisqu'elle fait du second le déterminant du premier, et la copule « est » relie l'ensemble formé par le couple précédent à « lyrisme », formant en quelque sorte un second couple, celui que constituent un terme et sa définition.

Dans le premier couple, l'exclamation, forme pure de ce qu'on appelle la fonction expressive* du langage, représente la poésie lyrique en tant que manifestation brutale d'une émotion (jaillissement, extase). Le développement, c'est l'élaboration du poème, la création d'une forme, le cri modulé en chant. Ce sont là les deux pôles du lyrisme : l'exclamation pure ne peut constituer un poème (le cri est pauvre et l'émotion est à la limite de l'indicible), mais le développement risque constamment de tuer l'émotion en la diluant ou en l'expliquant. Là encore la problématique se développe à partir d'une tension. Mais en hiérarchisant syntaxiquement les deux notions, Valéry suggère que si chronologiquement le développement vient après l'exclamation, se greffe sur elle, c'est lui qui constitue l'essentiel du lyrisme. Comme il l'écrit ailleurs, « l'enthousiasme n'est pas un état d'âme d'écrivain ».

On peut donc s'interroger sur l'universalité de la définition proposée, et envisager diverses formes de lyrisme, suivant qu'ils privilégient l'un ou l'autre des deux pôles (au romantisme qui l'a précédé, Valéry oppose ce qu'on a pu appeler un néoclassicisme) et se réfèrent soit à une définition formelle, soit à une définition existentielle du lyrisme.

On peut rencontrer les deux difficultés à la fois.

Soit à commenter cette phrase de Baudelaire : « Ce que j'ai toujours trouvé de plus beau dans un théâtre, dans mon enfance et encore maintenant, c'est le *lustre*. » La citation frappe d'abord par son caractère provocant. Baudelaire signale lui-même ce que peut avoir d'infantile une attitude qui consiste à négliger ce qui se passe sur la scène pour se laisser fasciner par un objet lumineux, une image de luxe, qui ne fait pas à proprement parler partie du spectacle. Mais il n'en persiste pas moins, puisqu'il précise « toujours » et « encore maintenant ».

On peut voir dans cette provocation et dans ce non-conformisme une manifestation de dandysme. Peut-être aussi suggère-t-il qu'il faut aller au théâtre avec une âme d'enfant et s'émerveiller sans chercher à comprendre. Mais les italiques employées pour « lustre » et la dimension critique de la formule (elle comporte manifestement une réévaluation par l'adulte du comportement de l'enfant) invitent plus largement à s'interroger sur la valeur symbolique de ce lustre (s'agissant de Baudelaire, il n'y a rien là de surprenant).

Le propre d'un symbole est d'être ouvert et un énoncé de ce type se prête plus que d'autres à des interprétations personnelles. Néanmoins, outre le lustre lui-même, les préoccupations de Baudelaire, la nature du théâtre en général et de celui du XIXe siècle en particulier peuvent fournir quelques lumières.

Le lustre est un objet qu'on regarde, il fascine par sa beauté, sa complexité, et son éclat : une façon de dire que le théâtre est avant tout spectacle. C'est aussi un objet qui éclaire, *i.e.* qui permet de bien voir (Baudelaire écrit ce texte après 1855 et l'éclairage électrique est apparu à l'Opéra en 1849[1]). C'est le pendant de la fascination, la distanciation* après l'illusion. C'est enfin un moyen d'éclairage artificiel et l'on sait à quel point Baudelaire a toujours insisté sur le caractère artificiel de la beauté (cf. notamment son « éloge du fard »).

Il est particulièrement significatif que Baudelaire évoque l'artifice à propos du théâtre, car il vit à l'époque où triomphe un théâtre réaliste qui deviendra bientôt naturaliste. Contre ce théâtre va réagir un théâtre symboliste qu'annonce d'une certaine manière Baudelaire en employant lui-même un langage symbolique. Cette interprétation peut d'ailleurs amener à voir une nuance dépréciative dans l'opinion de Baudelaire, et quelque ironie* dans le superlatif initial : si le « plus beau [...], c'est le lustre », c'est que ce qui se passe sur la scène n'est guère intéressant.

• Les énoncés précédents exigeaient d'abord un travail d'analyse. La **citation longue** demande en même temps un effort de synthèse. Sans rien négliger des mots du texte, il faut repérer ceux qui ont plus de poids que les autres, qui se font écho l'un à l'autre pour mieux préciser la pensée ou la faire évoluer, dégager le mouvement du texte.

Voici un exemple :

> Commentez comme il vous plaira ce texte de M. de Dieguez (*Rabelais par lui-même*, p.125) :

1. Chopin s'enthousiasmait déjà : « on prépare un soleil à l'Opéra. [...] Il est fait de gerbes de la lumière électrique ». *Histoire des spectacles* dans l'« Encyclopédie de la Pléiade », Gallimard, 1965, p. 943.

« Rabelais est le premier écrivain français pour lequel les mots sont une matière, qui donne une réalité aux mots en tant que choses — non seulement en tant que sens. L'univers rabelaisien porte témoignage, par le style, d'une rivalité gargantuesque avec la matière, d'une victoire sur elle par une prolifération créatrice, d'une tentation fabuleuse et à demi inconsciente d'embrasser enfin cette création tout entière par la parole. Tout le réel doit se réfracter dans un langage tentaculaire. La matière du monde se fera matière verbale — cette transmutation est le signe fondamental de la victoire de l'esprit. [...] Pour Rabelais, toute parole est lumière, tout vocabulaire porte une liberté, une vérité, une victoire originelle sur les ténèbres. »

Face à un énoncé aussi complexe, il n'est pas inutile d'analyser la structure du texte. La phrase 1 présente un fait (Rabelais fait des mots des choses) dont la suite s'attache à dégager la portée. La phrase 2 indique à la fois le moyen (c'est grâce au style que le mot devient chose) et l'explication de ce fait : il s'agit de « rivali[ser] avec la matière ». Cette explication s'exprime d'ailleurs selon une progression, marquée par la rhétorique ternaire : « rivalité », « victoire », « tentation fabuleuse ». Le verbe « embrasser » est à son tour prolongé dans les phrases 3 et 4 par « réfracter » et « transmutation » : il s'agit cette fois moins d'une progression que d'un glissement. En même temps intervient un renversement : le mouvement initial du mot-sens vers le mot-chose, *i.e.* le passage de l'esprit à la matière, devient spiritualisation de cette même matière devenue verbale, donc « victoire de l'esprit ». On note parallèlement que le terme « mots » qui désignait au début par deux fois le langage est remplacé par le terme « parole », employé lui aussi deux fois. La dernière phrase solennise ce renversement triomphal (nouveau groupe ternaire assonant, métaphore du combat entre lumière et ténèbres).

Ce renversement constitue évidemment l'axe du texte. Une autre métaphore aide à le comprendre : l'adjectif « gargantuesque », auquel font écho « prolifération » et « tentaculaire », et qui fait du héros de l'œuvre un symbole de l'activité de l'écrivain. Celui-ci est un géant qui, en multipliant les mots, concurrence le gigantisme de la nature et donne au langage le poids de la matière. Mais cette « prolifération créatrice » est le moyen d'avaler le monde (la bouche sert à la fois à manger et à parler), et la concurrence est en fait un combat : en d'autres termes, il faut avaler le monde pour ne pas être avalé par lui, faire du mot une chose pour triompher de la matière à travers le mot, et même (c'est le rêve du gigantisme) « embrasser [la] création tout entière » (*i.e.* à la fois s'emparer d'elle et la comprendre).

Ce double sens du verbe embrasser commande le glissement du texte. On passe du fantasme à l'alchimie littéraire (le texte parle de « transmutation »), *i.e.* à l'opération à la fois intellectuelle et verbale qui permet d'épurer la matière. Le langage est « tentaculaire », il saisit le réel, mais pour le « réfracter », *i.e.* le modifier (étymologiquement le briser) dans l'image (lumineuse) qu'il en donne. Plonger dans la matière pour obtenir « la victoire de l'esprit », c'est un scénario qu'on ne trouve pas seulement dans l'alchimie : l'incarnation de Dieu en est un autre modèle. En tout cas, il exprime bien l'ambivalence de la Renaissance littéraire représentée ici par Rabelais : d'une part l'appétit pour le réel (désir de l'appréhender et d'en jouir, de s'enraciner en quelque sorte), se développant en même temps que le réel, se découvre immense et rompt avec la culture médiévale, perçue comme bornée et coupée du réel ; d'autre part un désir d'élévation, d'idéalisation qui se manifeste aussi bien dans la vogue du néoplatonisme que dans le développement du protestantisme. Au Moyen Âge prisonnier des « mots » s'oppose implicitement la « parole » libératrice et lumineuse de la Renaissance (cf. les langues de feu de l'Esprit saint se posant sur les apôtres à la Pentecôte et leur donnant le don des langues).

Cette renaissance est aussi une naissance, celle de la littérature. Rabelais est en effet « le premier » à avoir plus ou moins conscience de ce qui définit le langage littéraire, ce que Jakobson appelle la fonction poétique* du langage : l'accent mis non sur le signifié (le sens), mais sur le signifiant (la matière du langage) (cf. p. 65, sujet 2). Cette attitude face au langage, dont Foucault a montré dans *Les Mots et les Choses* qu'elle caractérisait la Renaissance, rejoint notre modernité. Elle annonce celui dont Barthes fait le fondateur de la poésie moderne, Hugo, qui reprend à son compte la formule : « Les mots sont des choses », et se targue d'avoir mêlé « au peuple noir des mots l'essaim blanc des idées ». Plus près de nous, F. Ponge, lui aussi, se sert du mot pris comme chose pour créer des objets littéraires qui sont pour lui le moyen de réagir au vertige devant les choses.

Il le fait d'ailleurs avec un sens du ludisme (il parle de transformer l'objet en « objeu ») qui le rapproche également de Rabelais. C'est sur ce point qu'on peut discuter la définition de M. de Dieguez : Rabelais croit-il vraiment « piéger » les choses avec les mots ou s'amuse-t-il à créer un univers de fantaisie dont la « présence » linguistique (par exemple, dans les mots-valises) souligne l'irréalité ?

3. La problématique

L'analyse du sujet a permis d'en dégager la problématique : c'est une question, ouverte, à laquelle la dissertation va apporter une réponse. Mais les grands problèmes esthétiques ne sauraient recevoir subitement une solution définitive, de même que les jugements critiques, si séduisants ou si péremptoires soient-ils, ne peuvent fixer une œuvre ou un auteur dans une appréciation intangible.

Il convient par ailleurs de revenir sur le caractère spécifiquement littéraire du sujet. Cela tient à son objet : l'écriture littéraire est essentiellement ambiguë et problématique ; l'œuvre est « ouverte », est invitation, pour le lecteur, à mettre en œuvre des résonances personnelles. L'histoire littéraire, dans laquelle s'inscrit le projet de la dissertation, témoigne de la multiplicité de ces lectures, qu'aucune totalisation n'épuisera jamais. Cela tient aussi à l'originalité même de l'interrogation : un sujet littéraire général pourrait être abordé par une dissertation philosophique, mais la perspective esthétique serait différente. La dissertation littéraire, par exemple, n'envisagera pas « l'essence du tragique » comme modalité de l'existence humaine, mais la manière dont diverses œuvres, à des époques différentes, ont pu aborder cette notion. Là encore, l'objet littéraire a une réalité historique que l'on ne saurait ignorer.

Il ne s'agit donc pas tant d'apporter une réponse que de la construire progressivement, en approfondissant la question initiale. Ce mouvement, parce que l'analyse du sujet a été sensible à l'originalité d'une formulation, interdit de transformer le devoir en l'exposé d'un « topo » : cours d'histoire littéraire ou développements empruntés au corrigé d'un sujet qui semble voisin. Le défaut est toujours lourdement sanctionné parce qu'il manifeste l'incapacité à saisir la spécificité d'un point de vue. Certes on peut regrouper, pour la dissertation littéraire générale, les problématiques autour de grands axes : chacun des genres, la création littéraire, la lecture et l'activité critique. Mais l'on comprend aisément qu'il y aurait quelque témérité à traiter en quelques pages de toutes les questions que l'on peut, par exemple, se poser à propos du genre romanesque.

À l'étudiant qui, dès la première lecture d'un sujet, s'empresse de dire : « c'est un sujet sur... » le roman, l'utilité de l'œuvre, la réalité au théâtre, etc., il faut peut-être rappeler ce que Milan Kundera pose comme principe de l'écriture romanesque qui, selon lui, dit au lecteur : « Les choses sont plus compliquées que tu ne le penses. »

Conseils pratiques

- **Lire attentivement** le sujet et **souligner** les mots importants (notions à élucider, mots de liaison, références éventuelles de la citation).
- En procédant à l'analyse, **noter** les premières pistes de réflexion : questions sous-jacentes, éléments de réponse, exemples.
- **Écrire** sous la forme d'une **question précise** la problématique qui sera traitée par le devoir.

2

DE LA PROBLÉMATIQUE AU PLAN

L'analyse du sujet vous a permis de formuler une problématique dont la pertinence témoigne de vos capacités d'analyse. Mais la dissertation doit aussi manifester vos connaissances et votre capacité à organiser de façon persuasive votre argumentation.

1. Les connaissances

L'angoisse de la page blanche ou son contraire, tout aussi pernicieux, le sentiment immédiat d'avoir beaucoup à dire, traduisent en fait la difficulté qu'éprouve l'étudiant, pour un devoir en temps libre, à se documenter et, pour une épreuve d'examen ou de concours, à mobiliser rapidement ses connaissances.

1.1 Se documenter

• Pour un **sujet portant sur une œuvre ou un auteur**, il importe d'abord de constituer une bibliographie ou de partir de celle qui, éventuellement, est donnée avec le sujet ; mais elle est souvent trop vaste et il faut alors la réduire car il est exclu que, par exemple pour un sujet portant sur Corneille, on puisse lire l'intégralité des thèses de Nadal, Doubrovsky, Maurens, Stegmann, Sweetser et Prigent ! Toutefois, si l'on a bien défini la problématique, on pourra repérer, par la lecture de la table des matières ou la consultation des index, les passages qui peuvent apporter des éléments de réflexion. Il en ira de même pour les articles dont le titre, mais aussi, pour autant qu'on la connaisse, l'orientation générale de la revue, permettent une première sélection. De plus, sauf si le sujet porte explicitement sur la réception d'une œuvre, on négligera les analyses trop anciennes : les critiques du XIXe siècle n'auront d'intérêt que si leurs vues sont confrontées à des analyses plus récentes et on ne saurait donc s'y borner (même si l'on ne trouve plus qu'eux en bibliothèque !).

Mais, inversement, ces lectures, par le jeu des références qu'elles convoquent ou des thèses qu'elles critiquent, invitent à d'autres recherches. La documentation se poursuit donc « en étoile », tout en cernant de plus en plus près son objet. C'est alors qu'il importe avant tout de « garder le cap » : ces lectures peuvent servir à approfondir la problématique tout en nourrissant la réflexion ; en aucun cas il ne faut céder à la tentation de la digression pour faire montre de ses « trouvailles ».

Il est vivement conseillé de prendre des notes synthétiques sur les ouvrages consultés, même si l'on en a photocopié certains passages ; on comprend mieux ce que l'on doit formuler par soi-même et l'on se garde de la citation abusive. Une dissertation n'est jamais un habile « patchwork », un montage d'extraits d'ouvrages critiques. Car comme l'écrivait déjà Montaigne, « c'est témoignage de crudité et indigestion que de regorger la viande comme on l'a avalée ».

Mais surtout, pour un auteur et *a fortiori* pour une œuvre, ce sont les textes littéraires eux-mêmes qu'il faut relire le crayon à la main : une nouvelle lecture, orientée par une problématique précise, est toujours féconde.

• Pour un **sujet général**, on s'appuiera d'abord sur les monographies très synthétiques que l'on trouve dans les collections universitaires, comme la collection 128 de Nathan. Ces ouvrages de base comportent souvent une bibliographie commentée qui orientera vers d'autres recherches, que l'on mènera avec les mêmes soucis de précision et d'ouverture que précédemment. On ne négligera pas tous les « usuels » (voir chapitre 3) et notamment les manuels utilisés dans l'enseignement secondaire.

On pourra utiliser avec profit les volumes de MM. Chassang et Senninger, *La Dissertation littéraire générale* qui, en trois tomes, font le tour des grandes problématiques en traitant de nombreux sujets. Mais, comme l'y invitent les auteurs eux-mêmes, il ne s'agit pas là de proposer « une nouvelle forme de bachotage », mais d'inciter à « une réflexion préalable sur des problèmes repérés à l'avance ». On les complétera utilement par les *Textes littéraires généraux* où les mêmes auteurs proposent un choix raisonné de textes critiques qu'un second volume, consacré à des lectures plus modernes, devrait compléter.

Mais là encore, il faut se tourner vers les textes littéraires. Certes, le traitement d'une problématique littéraire complexe ne saurait reposer sur l'exemple d'une seule œuvre, mais relire un roman de Balzac permettra de préciser ce que met en jeu la problématique du personnage romanesque (cf. p. 57, sujet 1) ou du récit (cf. p. 65, sujet 2).

1.2 Mobiliser ses connaissances

• Pour un **sujet général** en temps limité, c'est dans sa propre culture qu'il faut puiser. Il convient alors d'accueillir la problématique avec la plus grande ouverture d'esprit et de ne pas se borner aux références qui viennent d'emblée à l'esprit. On peut, au contraire, essayer d'appliquer systématiquement le questionnement aux domaines qui lui semblent *a priori* les plus étrangers. Ainsi, pour traiter de l'image poétique, on pense en premier lieu aux surréalistes ; mais pourquoi ne pas considérer aussi Ronsard ou la poésie baroque, qui permettent de poser le problème sous des angles moins attendus ?

Cette recherche « tous azimuts » permet aussi d'utiliser des références plus profondément enfouies : les récitations d'école primaire, les lectures de vacances méritent aussi la réflexion critique ; un sujet sur le théâtre invite à se souvenir des spectacles auxquels on a assisté. Bref toutes les références sont utiles, pourvu qu'elles servent à faire progresser la réflexion.

• Quant au **sujet portant**, en temps limité, **sur un auteur ou une œuvre**, on ne peut que souhaiter que l'étudiant connaisse parfaitement le programme de l'examen ! En ce cas, l'à-peu-près sera toujours très sévèrement sanctionné.

2. Construire un plan détaillé

L'analyse et la recherche de documentation ont permis d'accumuler des matériaux. Ceux-ci ne prendront de valeur que par leur organisation en un plan par lequel on manifeste que l'on s'adresse à une personne dont on veut emporter l'assentiment. Cette exigence rhétorique, au sens le plus ancien et le plus noble du terme, suffit à légitimer l'exercice.

Certes on a pu dénoncer la « mystique du plan », l'artifice des devoirs toujours composés de trois parties, elles-mêmes divisées en trois sous-parties, comportant chacune trois paragraphes ! Ce formalisme, même paré d'une référence à la dialectique hégélienne (le trop fameux « thèse, antithèse, synthèse ») n'a effectivement rien à voir avec l'expression d'une pensée. On juge aisément de ses défauts à la caricature qu'en présentent les devoirs de débutants : la « dialectique » se dessèche en une opposition manichéenne, et stérile, entre deux « thèses » (« l'auteur a raison », « l'auteur a tort ») qui débouche sur une dernière partie-croupion qui, loin d'être une *Aufhebung* (un dépassement), sombre dans le relativisme (« on peut tout dire sur une question littéraire ») et la confusion. Là, le formalisme est tout aussi néfaste que l'absence totale d'organisation.

En fait les qualités d'un plan sont celles que dicte le bon sens :

– il est **cohérent** : parce qu'il tend tout entier vers l'affirmation, certes nuancée, mais ferme, d'une thèse ; affirmer successivement deux propositions contraires prouve que l'on ne sait pas où l'on va ;

– il est **clair** : parce qu'il est interdit de donner, dans le devoir, des titres aux parties et sous-parties, le lecteur doit pouvoir aisément y suppléer et identifier les grands moments de l'argumentation ;

– il est **progressif** : parce que l'on va du connu à l'inconnu, du plus évident au plus subtil, dès lors qu'on a le souci de persuader et non d'éblouir ;

– il est **équilibré** : si le nombre des parties n'est pas un critère de validité, on attend toutefois que les différents aspects d'une question soient traités avec le même soin ; un développement trop court paraît superficiel, quand une partie trop longue passe pour bavarde ;

– il est **exhaustif** : l'honnêteté intellectuelle, comme la nécessité de convaincre, interdisent de négliger les arguments que l'on pourrait vous opposer. Depuis l'Antiquité, les textes argumentatifs comportent une réfutation des objections de l'adversaire. L'habileté même la commande : on répond d'autant mieux aux critiques qu'on les a formulées soi-même, c'est tout l'art de la prolepse !

Ces exigences, toutefois, ne peuvent définir UN modèle de plan : chaque problématique appelle son plan, et peut même parfois en susciter plusieurs. Plutôt donc que des modèles, on peut proposer de grands types d'organisation du devoir.

Disons tout de suite que le plan chronologique, souvent adapté à une dissertation d'histoire, ne saurait convenir ici. On doit parfois prendre en considération la façon dont une problématique littéraire (par exemple la fonction de l'acteur au théâtre) a été diversement abordée au cours des siècles. Mais le plan ne pourrait se réduire à la présentation successive des vues de Molière, de Diderot, des dramaturges romantiques, puis d'Antoine, de Brecht et de Vitez ! Ce serait montrer une croyance en un « progrès » de la littérature et accorder aux thèses les plus récentes une profondeur et une complexité dont manqueraient celles que l'on examine en premier. Un tel plan conduirait de plus à des redites car, bien vite, on découvrirait, par-delà les siècles, des parentés ou des oppositions. C'est donc plutôt en organisant le débat entre ces différentes conceptions de l'acteur qu'il faudrait construire le devoir.

Plus généralement, tout plan qui se présente comme un catalogue de faits ou de thèses non hiérarchisés est à proscrire ; la difficulté qu'il y aurait à établir entre les parties de véritables transitions indiquant la progression de l'analyse suffit à en dénoncer l'inanité.

2.1 Le plan dialectique

Souvent présenté comme le modèle de l'organisation la plus achevée, on doit en fait en réduire l'usage au cas précis où le sujet lui-même oppose nettement deux thèses.

Par exemple dans cet énoncé :

> Gérard Genette écrit dans « L'utopie littéraire » (*Figures I*, Seuil, 1966, p. 132) : « La genèse d'une œuvre, dans le temps de l'histoire et dans la vie d'un auteur, est le moment le plus contingent et le plus insignifiant de sa durée. De tous les grands livres on peut dire ce que Borges écrit des romans de Wells : "ils s'incorporeront, comme la fable de Thésée ou celle d'Assuérus, à la mémoire générale de notre espèce, et fructifieront dans son sein quand aura péri la gloire de celui qui les écrivit et la langue dans laquelle ils furent écrits". Le temps des œuvres n'est pas le temps défini de l'écriture, mais le temps indéfini de la lecture et de la mémoire. Le sens des livres est devant eux et non derrière, il est en nous : un livre n'est pas un sens tout fait, une révélation que nous avons à subir, c'est une réserve de formes qui attendent leur sens, c'est "l'imminence d'une révélation qui ne se produit pas", et que chacun doit produire pour lui-même. »

L'analyse décèle rapidement que Genette refuse ici violemment une conception datée de l'œuvre et lui oppose une nouvelle définition. La tonalité polémique se caractérise par un ton catégorique, le recours à des assertions simplement juxtaposées et à l'argument d'autorité qu'est la citation de Borges, le jeu des oppositions binaires. Elle est un peu tempérée par la tonalité solennelle, voire religieuse, selon laquelle Genette propose une nouvelle vision : à une conception traditionnelle de l'œuvre qui la fige dans le moment de la création et en réduit la lecture à la consommation d'un sens fixé, il oppose une création qui est incessante métamorphose (un « palimpseste ») où joue la lecture autant que l'écriture, et qui fait de l'œuvre une « forme ouverte ». La problématique doit donc s'attacher au conflit de ces deux définitions. Mais l'opposition ne saurait rester statique ; l'examen des deux thèses doit dégager leurs insuffisances qui justifieront la mise en perspective dans une dernière partie.

On pourrait donc proposer le plan suivant :

1. La réfutation d'une conception traditionnelle de l'œuvre

a. les postulats de la critique universitaire du XIXe siècle, attachée à la biographie, aux sources, au contexte historique et à la classification en genres ;

b. les insuffisances qu'ont relevées déjà Proust (*Contre Sainte-Beuve*) ou Valéry (*Variété*) ;

c. la notion d'intertextualité* (le traitement du mythe de Don Juan) rencontre l'expérience du lecteur et peut, par exemple chez Borges, devenir un principe même d'écriture.

2. Une nouvelle définition de l'œuvre et de la lecture

a. l'œuvre « ouverte » est, comme les analyses des linguistes l'ont montré, un jeu de signifiés, et vise explicitement, depuis les symbolistes, à l'ambiguïté ;

b. le lecteur voit son rôle accru dans l'interprétation des œuvres ; la variabilité historique de leur réception en témoigne ;

c. se pose alors la question des modalités de l'œuvre qui permettent l'intervention du lecteur : symboles, « espaces blancs à remplir » (U. Eco), visions délibérément contradictoires d'un même personnage sollicitent une lecture active qui « problématise » son objet.

3. Une « contre-réfutation »

a. la position de Genette conduit à accepter la lecture purielle de l'œuvre : mais quels critères de validation retenir pour éviter le relativisme ?

b. il ne peut être question de nier l'histoire qui donne leur sens aux « variations » qui constituent l'originalité de l'œuvre par rapports aux « invariants ». C'est toute la question du « style » d'une époque ;

c. l'œuvre comporte aussi des éléments qui fondent le « pacte de lecture » : l'examen de « l'horizon d'attente »* des premiers lecteurs comme la soumission aux règles d'un genre orientent déjà la lecture ;

d. la position de Genette en rejetant l'auteur-démiurge ne transfère-t-elle pas ce pouvoir au lecteur, alors qu'il conviendrait plutôt de la questionner et de la nuancer ? L'évolution de la critique depuis la date de cette prise de position permet d'envisager d'autres pistes.

2.2 Le plan par approfondissement : "moi, le monde, Dieu"

C'est le plan qui, par sa souplesse, peut s'appliquer aux problématiques les plus variées. La première partie s'attache, à partir des éléments de la problématique, à établir les notions fondamentales, telles du moins qu'elles sont appréhendées dans une première approche. La deuxième entreprend de préciser les conditions et de trouver les limites de la thèse ainsi précisée, tout en essayant d'en étendre la portée. La troisième revient alors sur la thèse pour la définir plus justement et lui conférer toute sa pertinence.

On voit que ce plan rend en fait compte du travail préparatoire lui-même et permet, dans le cas d'une citation, d'en intégrer progressivement l'analyse au développement, car il serait très maladroit de commencer par une pure et simple explication de texte. On voit aussi que ce plan permet, dans le cas d'une citation à commenter et discuter, de ne pas séparer arbitrairement ces deux temps puisque la réfutation naît peu à peu du commentaire qui éprouve progressivement la validité de la thèse.

De ce type de plan, il faut surtout retenir le caractère progressif ; voilà pourquoi, pourvu que l'on respecte cette nécessité finalement « pédagogique », on peut admettre, pour un même sujet, plusieurs plans. Ainsi, à partir d'une citation d'Henri Godard posant le problème du rapport de l'œuvre au réel :

> « Toute œuvre est un système de formes qui n'existent pas telles quelles dans le monde réel. Nous n'éprouvons jamais celui-ci que comme une totalité et une confusion. Il nous déborde de toute part. Il est sans limite, à chaque instant il se dérobe à notre prise. Tout s'y tient, et la diversité des plans de notre expérience y multiplie à l'infini les liens de tout avec tout. Les formes que nous percevons dans l'œuvre ne peuvent donc résulter que du découpage et des choix que l'artiste y a opérés. Or l'idée même d'un découpage et de choix de ce genre, chaque nouvel artiste ne peut la tenir que des œuvres de ses prédécesseurs. "Un poète ne se conquiert pas sur l'informe, mais sur les formes qu'il admire." Il s'ensuit que la création

passe nécessairement d'abord par l'imitation, quand ce n'est pas par le pastiche. »

On a pu trouver dans les copies les plans suivants :

Plan I :

1. L'écriture comme imitation
2. L'œuvre comme rupture
3. Le rapport entre forme et signification

Plan II :

1. L'œuvre comme mise en œuvre du monde
2. se constitue en dépassant l'imitation
3. et devient ainsi une totalité hétérogène au réel

Plan III :

1. Comment définir l'œuvre comme système de formes ?
2. En quoi celui-ci révèle-t-il l'activité du créateur ?
3. Mais la littérature ne peut-elle pas, sous certaines conditions, retrouver le réel ?

Conseils pratiques

• **Relire** toutes les notes éparses accumulées pendant la phase préliminaire : trier, barrer ce qui est extérieur à la problématique.
• Établir un **plan détaillé** qui comporte tous les éléments nécessaires à la rédaction : idées, exemples, transitions (sous forme de liens logiques).
• **Aérer la présentation** : une feuille (au moins), écrite d'un seul côté, par partie.
• **Donner des titres** aux parties, sous-parties et paragraphes.
• Par un système clair de renvois aux notes préparatoires, **indiquer les citations** que l'on utilisera.
• **Relire ce plan en s'interrogeant sur sa cohérence** ; y apporter les ultimes modifications.

3

LA PRATIQUE DE LA DISSERTATION

Le plan, par sa construction, rend sensible le mouvement de la réflexion qui développe la problématique. Mais la dissertation est aussi adressée à un destinataire (qui, de surcroît, a la charge de l'évaluer) : c'est dire toute l'importance d'une rhétorique qui ne doit pas être ressentie comme artificielle et superflue. Elle s'emploie à guider la lecture, à susciter et à maintenir l'intérêt, à souligner les grandes étapes de la réflexion. Les contraintes qu'elle engendre doivent être perçues comme les manifestations d'un pacte de lecture sans lequel il n'est point de discours efficace. On peut les formuler à propos de trois exigences : d'abord faire du paragraphe l'unité de base du développement, ensuite fonder l'argumentation sur des exemples, enfin introduire, assurer les transitions et conclure.

1. LE PARAGRAPHE

Appréhendé d'abord visuellement, il doit être perceptible par la mise en page. Mais il ne suffit pas de marquer les alinéas ni d'aller à la ligne régulièrement pour constituer des paragraphes, car celui-ci se définit surtout comme l'« unité de base » du développement, unité qui a sa cohérence interne. Ceci est formulé par la règle : une idée par paragraphe, un paragraphe par idée.

Le paragraphe développe donc une idée en s'appuyant sur l'analyse d'un exemple : il ne s'agit pas simplement d'énoncer, brièvement, ce qui figurait dans le plan détaillé (ou, pis encore, de le répéter en des modulations différentes, mais parfaitement redondantes). Développer une idée, c'est éventuellement définir la notion qui la fonde, en dégager les présupposés, déterminer son extension, faire apparaître ses rapports logiques avec d'autres. C'est donc, comme au niveau général du devoir, avoir le souci de la précision et de l'approfondissement.

Pratiquement, le paragraphe se rattache par un lien logique ou une courte phrase au paragraphe précédent ; il se poursuit par le développement de l'idée illustrée par l'analyse d'un exemple ; il se termine par une courte conclusion qui « appelle » le paragraphe suivant. Cette unité comporte alors une quinzaine de lignes, car elle constitue un ensemble que le lecteur doit pouvoir saisir rapidement et dont il doit pouvoir mémoriser rapidement le contenu. Voici, à titre d'exemple, et malgré une certaine lourdeur de rédaction, un paragraphe emprunté à une copie de CAPES commentant une formule de M. Robert (*La Tyrannie de l'imprimé*) sur la « fausse littérature » « où l'auteur se contente de se contempler, en prétendant de surcroît que le lecteur y trouvera autant de joie qu'il en a pris lui-même à sa propre image » :

« Les problématiques du sujet-écrivant qui ont traversé l'histoire littéraire, les façons de penser les rapports du moi et du monde, permettent de mieux souligner de quelle manière il devient possible de penser l'expression du "moi auctoral" comme une fermeture à une communication, et peut-être, s'il est possible de poser une distinction, entre écriture de soi et écriture de l'"en-soi". De fait, lorsque M. Robert accuse de fausseté une littérature "où l'auteur se contente de se contempler", elle semble sous-entendre qu'une œuvre mêlée d'observations extérieures et d'observations personnelles rendrait encore tolérable la présence de l'auteur dans son œuvre, comme si un principe d'équilibre entre le regardant et le regardé rétablissait la validité du contrat de lecture proposé. Or cette façon de penser procède d'un point de vue moderne, pour lequel la scission de l'individu par rapport au monde qui l'entoure est un acquis ; si l'œuvre autobiographique connaît dans un XVIIe siècle rationaliste ou janséniste une vigueur particulière à travers la vogue des mémoires, ce n'est pas parce que le sentiment de l'individualité y devient pressant, mais parce que la séparation n'est pas clairement établie entre le destin individuel et l'Histoire : pour le mémorialiste, se contempler, c'est se contempler tel qu'on est engagé dans de grandes affaires, dans une actualité dont il faut témoigner. À l'imitation des *Vies de César*, on ne se dépeint que pour se peindre sur un pied historique. Même lorsque le propos se resserre sur l'espace privé dans des *Mémoires à l'usage de mes descendantes, Mémoire pour servir à la vie de...*, l'éclairage du sujet est éclairage sur une existence, et ne perd jamais de vue le principe d'utilité. Il n'y a pas de sphère du privé pensée à l'écart de la sphère publique, de sorte que l'autocontemplation ne peut jamais valoir fermeture à la rue. Lorsqu'un cardinal de Retz se livre à l'introspection, et s'examine en son for intérieur, c'est pour songer au destin historique qu'il ne s'est pas forgé et aux possibles qui ne se sont pas actualisés. Autrement dit l'exemple des Mémorialistes montre bien que ce n'est pas le fait autobiographique qui dans l'écriture de soi vaut fermeture, mais bien plus un principe de réduction du "je" à la sphère personnelle. »

2. Les exemples

Ils sont doublement nécessaires. D'abord, comme dans tout texte argumentatif, ils sont la justification de la thèse. Toute idée qui ne se fonde pas sur un exemple n'a aucune valeur. En outre, ils témoignent de l'étendue et de la précision des connaissances de l'auteur du devoir. Voilà pourquoi les sujets comportent fréquemment la mention : « en vous fondant sur l'analyse d'exemples précis » ; même si elle ne figure pas expressément, elle doit être considérée comme implicite. Se pose alors la question de leur choix, de leur insertion dans le développement, de leur analyse.

2.1 Quels exemples ?

Il est évident qu'ils doivent être pertinents, la nature du sujet en définit le champ. Pour un devoir portant sur une œuvre, on se borne à celle-ci. Pour une dissertation générale, on veille à rester dans le cadre de la problématique, qui est essentiellement littéraire : les rapprochements avec d'autres arts (la peinture ou le cinéma) doivent être utilisés avec parcimonie et en se méfiant de tout anachronisme. On se borne à un corpus « reconnu », c'est-à-dire, en fait, emprunté aux œuvres majeures de la littérature française.

Cette orientation est assurément discutable et l'on peut vouloir parfois s'appuyer sur des genres mineurs (le roman policier ou la chanson), des œuvres peu connues ou des auteurs étrangers. Une telle démarche ne peut être que prudente et procéder à doses « homéopathiques ». La démarche la plus habile consiste à utiliser les références obligées tout en manifestant sa culture personnelle par des références plus originales. Ainsi, pour analyser la surprise que peut provoquer l'image poétique, on évitera le trop célèbre « la terre est bleue comme une orange » ; on pourra lui préférer la série des « beau comme… » des *Chants de Maldoror* ou la « sérénité crispée » de Char.

2.2 Comment les insérer ?

Parce qu'ils illustrent une idée, il est logique qu'ils viennent après son développement, annoncés par un mot de liaison ou par deux points. Mais on peut souhaiter éviter la monotonie ; l'exemple, surtout s'il est original, pourra précéder la thèse en créant une surprise qui est aussi un moyen de « garder le contact » avec son lecteur.

En tout cas on respecte le principe : une idée, un exemple, en ne multipliant pas les références qui font double emploi, qui lassent par le caractère fastidieux du catalogue, ralentissent le devoir et donnent finalement l'impression que l'on vise surtout le « remplissage ».

2.3 Comment les analyser ?

La simple allusion à un auteur, à une œuvre ou à un texte, glissée entre parenthèses ou introduite par le télégraphique cf., n'a aucune valeur probante : c'est se décharger sur son lecteur du nécessaire travail de l'analyse. Il faut donc consacrer quelques lignes, non au résumé d'une page romanesque ou au rappel d'une intrigue dramatique, mais à l'étude de ce qui, dans l'exemple, vient prouver la thèse. Il ne s'agit pas de s'étendre en une explication de texte détaillée, mais de retenir, de façon synthétique, les éléments pertinents. Dans le cas, assez rare, où l'on pourra citer un texte, on ne se contentera pas d'en souligner quelques mots, mais l'on explicitera brièvement les conclusions de l'analyse.

3. Introduction, transitions, conclusion

C'est peut-être pour ces « parties obligées » qu'on peut faire d'une nécessité rhétorique un « exercice de style » où exercer sa virtuosité ; mais, même si l'on peut prendre quelque plaisir à ce jeu (et espérer que le lecteur le partagera), on n'oubliera jamais que, placées à des moments « stratégiques » du devoir, elles en gouvernent l'économie et en induisent souvent l'évaluation. Il convient de leur apporter un soin tout particulier, et ce sont les seuls éléments du devoir pour lesquels on peut rédiger un brouillon.

3.1 L'introduction

Elle a le même rôle que celui que les rhéteurs de l'Antiquité attribuaient à l'exorde : la *captatio benevolentiae*, l'invitation à la lecture. Elle est bien un « hors-d'œuvre », puisque le traitement de la problématique ne viendra que dans le développement. Mais elle y engage, au double sens du terme. Elle doit, en fait, assurer trois fonctions précises :

– **amener au sujet**, qui n'est pas censé connu du lecteur, en en montrant l'intérêt ; c'est le rôle d'une courte « amorce » fondée sur des considérations un peu générales, par exemple sur un genre, l'histoire littéraire, le contexte historique ou culturel de la citation à commenter. Il faut proscrire les banalités (« De tous temps les hommes… »), chercher une formulation ferme : paradoxe, « idée reçue » que l'on rejette, citation (sauf si le sujet en comporte une). Dans ce cas, on la donne en totalité si elle est brève ou, sinon, une présentation générale, appuyée sur la citation des termes essentiels, en tient lieu ;

– **définir nettement la problématique** dégagée du sujet, sa portée précise ; dans le cas d'une citation on utilisera les éléments tirés de son analyse (voir p. 19) quant à l'énonciation, la tonalité, le mouvement ;

– **annoncer**, sans lourdeur excessive, les grandes articulations du développement. On évite le pédagogisme (« nous examinerons dans une première partie... nous verrons ensuite »), la multiplication des questions dont la cohérence devient problématique, ou la pure description formelle (« après avoir commenté cette thèse, nous nous demanderons si nous ne pouvons pas la réfuter »). Sans tout dire, il faut indiquer le sens général du développement.

Malgré ces objectifs, l'introduction est courte : une vingtaine de lignes. Sa netteté et sa concision sont le signe que son auteur sait où il veut conduire son lecteur.

Voici, empruntée à une copie d'étudiant, la définition de la problématique :

« La formule de Paul Valéry selon laquelle "le lyrisme est le développement d'une exclamation" contient une ambiguïté qu'il nous semble nécessaire d'éclaircir. L'exclamation est-elle ce qui parachève le développement, ce qui couronne à son apogée le mouvement exclamatif de la parole ou bien ce qui le conditionne, lui donne sa raison d'être, représentant pour la parole poétique moins un point final, conclusif ou interrupteur qu'un ressort inaugural, un principe actif ? Autrement dit, le principe du lyrisme réside-t-il dans un processus de préparation d'une exclamation — l'exclamation se situerait dans le prolongement du mouvement d'amplification du développement en en marquant tant la limite que le paroxysme — ou se constitue-t-il dans le déploiement toujours recommencé d'une exclamation — l'exclamation serait moins la visée ou l'ambition du développement que la tension qui l'anime de l'intérieur ? »

3.2 Les transitions

Comme telles, elles ne devraient pas exister, surtout si elles prennent la forme d'un court paragraphe isolé entre deux parties du développement. L'artifice est trop visible dans un devoir qui n'atteint pas les dimensions d'un article de revue. En revanche, il est vivement souhaitable que, comme pour les paragraphes, les parties comportent une courte amorce et se terminent par une phrase de conclusion. En fait, c'est par un souci constant de la problématique que s'obtient la cohérence d'un devoir, et non par un « métadiscours » artificiel.

3.3 La conclusion

Elle a d'abord un rôle de bilan : elle arrête le devoir sur une position ferme, clairement formulée. Elle n'est pas un résumé de tout le développement, encore moins une répétition de l'introduction. Elle n'apporte rien de nouveau, ne comporte aucun exemple. On peut aussi tenter parfois d'« ouvrir » en élargissant la réflexion ; le sujet 3, p. 85, en présente un exemple. Mais le danger est grand de plaquer artificiellement une citation, de faire un rapprochement hors de propos, de s'aventurer dans un débat oiseux. Mieux vaut alors méditer l'aphorisme de Boileau : « Qui ne sut se borner, ne sut jamais écrire. »

4. Conseils pratiques

La pratique de la dissertation repose sur une méthode de travail que cet ouvrage et les devoirs permettront d'acquérir. Il convient de :

- gérer son temps — s'entraîner ;
- savoir utiliser les ouvrages généraux ;
- respecter les règles de présentation ;
- s'exprimer clairement en veillant tout particulièrement à l'orthographe.

4.1 Gérer son temps

La dissertation, même un jour d'examen ou de concours, est une épreuve longue : quatre ou cinq heures. Savoir organiser son temps, c'est se garantir à la fois de l'angoisse de la page blanche et de la crainte de ne pouvoir finir dans le temps imparti.

En temps limité

Voici un canevas pour une dissertation en quatre heures :

Choisir le sujet (et s'y tenir sans regrets)		10 mn
Appréhender le sujet :	1 heure	
analyser le sujet		15 mn
définir une problématique		15 mn
mobiliser ses connaissances		30 mn
Construire un plan détaillé	1 heure	
Rédiger la conclusion		10 mn
Rédiger l'introduction		10 mn
Rédiger le développement	1 heure	20 mn
Relire		10 mn

On ne s'étonnera pas de constater que c'est la réflexion préliminaire, aboutissant à la construction du plan, qui est essentielle. Si l'on dispose de plus de temps, c'est cette partie qui en bénéficiera alors, la rédaction, elle, ne requiert que le temps de l'écriture, pourvu que l'on parte d'un plan clair et précis. On peut aisément, en s'entraînant, parvenir à rédiger rapidement.

En temps libre

Si l'on peut conserver le « canevas » proposé plus haut, ce sont alors l'analyse du sujet et surtout la documentation qui profiteront du surcroît de temps. Mais l'important est alors de bien séparer les étapes par un temps de « maturation ». Si la rédaction peut être repoussée à la veille du jour où le devoir doit être remis, il faut commencer à travailler dès la remise du sujet.

Une fois les matériaux accumulés (on ne saurait tout lire), il faut se garder, quelques jours avant le moment de la rédaction, un assez long temps pour construire le plan. On pourra alors s'essayer à en bâtir plusieurs ; parce que l'on a le temps, on soigne tout particulièrement les transitions. Le plan achevé, on pourra y revenir dans les jours suivants ; c'est ainsi que l'on apprend à ne pas confondre la construction du plan et la rédaction.

On voit donc que l'intérêt du devoir « en temps libre » est de permettre de s'entraîner tout en approfondissant ses connaissances par des recherches orientées. Dans vos études, vous n'aurez que peu souvent l'occasion de ces exercices. Ne les gaspillez pas en les transformant en des épreuves en temps limité, dans la précipitation d'une nuit blanche.

4.2 S'entraîner

En dehors de ces devoirs, on peut travailler aussi la construction du plan et la rédaction.

Un bon exercice consiste, à la lecture d'un article critique, à essayer d'en découvrir la « charpente » : on verra, au passage, sur quels procédés est construite l'introduction, comment sont ménagées les transitions. La recherche systématique du plan d'un texte facilite la prise de notes.

Il est plus difficile de construire des plans « pour soi », si aucun regard critique ne vient les rectifier. Mais rien n'interdit, si plusieurs sujets sont proposés pour un même devoir, de bâtir un plan pour ceux que l'on n'aura pas choisi de traiter.

La rédaction peut rapidement progresser par un entraînement régulier. Un étudiant en lettres ne peut, dans l'année, se contenter des devoirs pour **écrire**, surtout quand l'enseignement tend à privilégier aujourd'hui l'oral : exposés, explications de texte. Car ce n'est pas la prise de notes qui apprend à exprimer sa pensée.

Il est bon de s'imposer, par exemple une fois par semaine, de rédiger un paragraphe. On peut partir de notes prises à l'occasion d'un cours ou d'un exposé pour **rédiger**, en y consacrant une demi-heure, une quinzaine de lignes. On s'attachera alors à la clarté de la syntaxe et à la précision du vocabulaire en recourant fréquemment au dictionnaire. On raturera, on essaiera plusieurs formulations différentes en respectant les conseils donnés plus haut (voir p. 39). On pourra, dans un premier temps, le donner à lire à un tiers afin de vérifier que l'on s'est ainsi fait parfaitement comprendre, mais peu à peu on développera ses propres capacités critiques.

Cet exercice est fécond et garantit une rédaction aisée, pourvu que le plan élaboré soit clair et cohérent. Bien sûr, on y ajoutera la réécriture systématique des phrases que le correcteur aura jugées incorrectes ou maladroites. La dissertation perd son caractère redoutable si l'on accepte de s'y préparer régulièrement ; et on la réussit d'autant mieux.

4.3 Savoir utiliser les ouvrages généraux

En temps libre, on peut disposer d'ouvrages fort utiles lors de la phase préparatoire : ce sont les « usuels » que l'on trouve dans toute bibliothèque.

• **Le dictionnaire de langue** : on y a recours pour **lire** le sujet, comprendre le ou les sens des mots qui le composent. Pratiquement on utilisera le Grand Dictionnaire Robert (en neuf volumes) et, si l'on peut, car elle se répand dans les grandes bibliothèques, sa version « électronique » sur micro-ordinateur.

On y cherche tous les mots, et pas seulement ceux qui paraissent inconnus ou un peu vagues. Un intitulé joue en effet souvent de la **polysémie** de certains termes : ainsi, en étudiant « Quel est le sujet de *La Modification* ? », on n'oubliera pas l'acception grammaticale du terme « sujet », pour la faire jouer avec celle qui viendrait plus spontanément à propos d'un récit. On verra dans l'étude développée du sujet « Quel est le héros des *Liaisons dangereuses* ? » (p. 57, sujet 1) tout le parti que l'on peut tirer d'une telle recherche.

Le dictionnaire fournit aussi les variations **historiques** du sens des mots. Pour cela on peut compléter le Robert par le Littré et pour la langue classique par le *Dictionnaire de la langue française classique* de J. Dubois et R. Lagane. Le dictionnaire renvoie aussi à des notions voisines dont il convient de chercher aussi le sens : c'est là que le Robert électronique permet une consultation rapide et aisée.

On ne négligera pas les citations qu'on y trouvera, non pour en « farcir » le devoir, mais pour préciser le sens d'un terme. Là encore, le Robert électronique permet, à partir d'un ou plusieurs termes, de proposer un choix, que l'on peut restreindre à un auteur, parmi plus de 150 000 citations.

• **Le manuel scolaire** bien utilisé peut être un outil très précieux. Bien sûr, pour une dissertation portant sur un auteur, *a fortiori* sur une œuvre, il ne peut fournir que des informations trop générales. Il sait proposer toutefois une première orientation bibliographique ou une approche novatrice. En revanche, il faut y recourir pour une dissertation portant sur une période ou un problème d'esthétique générale. Si l'on sait bien utiliser la table des matières et les index, on y trouvera des textes qui nourrissent la réflexion ou qui peuvent servir d'exemples.

Ainsi la série « Textes et documents » chez Nathan possède, outre un index thématique, un « index des formes et des techniques » ; le volume consacré au XIXe siècle renvoie à une dizaine de textes pour la « théorie du roman » et à une quinzaine pour « ironie* » : faire ces lectures est un premier pas nécessaire.

Enfin on trouvera dans ces manuels des textes qui constituent la « vulgate » qu'on ne saurait ignorer et sur laquelle on peut construire bien des dissertations. Alors, si l'on n'a jamais lu la description de la pension Vauquer ou le récit de Fabrice à Waterloo, c'est là qu'on les trouvera, avant de lire intégralement *Le Père Goriot* et *La Chartreuse de Parme*.

• **Les histoires littéraires** fournissent aussi une information générale. Elles présentent, outre des faits qu'il serait fâcheux d'ignorer, des synthèses souvent originales sur un siècle ou un mouvement littéraire. Mais leur brièveté leur interdit d'être, pour un devoir portant sur une œuvre ou un auteur, des références suffisantes : elles sont plutôt une stimulation pour orienter la réflexion vers des champs que l'on aurait pu d'abord négliger.

Dictionnaires de langue, manuels scolaires, histoires littéraires, et plus généralement les ouvrages de seconde main : encyclopédies, petits classiques ne sont que des points de départ. Ils ne doivent jamais tenir lieu de réflexion et ne peuvent être cités, encore moins paraphrasés.

4.4 Respecter les règles de présentation

La dissertation doit d'abord être lisible. Une présentation correcte, agréable, permet de gagner la bienveillance du correcteur ; elle témoigne en outre de la clarté de la pensée.

Présentation générale

Lors de la rédaction, vous devez « aérer » votre texte. L'usage veut ainsi que l'on saute quelques lignes entre l'introduction, les différentes parties du développement et la conclusion. Si un tel saut de ligne correspond à la fin d'une page, on peut le remplacer par un court trait au milieu de celle-ci.

Il faut aussi éviter de finir une dissertation sur la dernière ligne d'une copie, et, encore plus, de répugner à utiliser une nouvelle copie en terminant le devoir par quelques lignes serrées dans la marge de bas de page.

La marge, régulière, sera assez grande pour que le correcteur puisse y inscrire ses annotations. Suivant sa fantaisie, vous la disposerez à gauche **ou** à droite. En aucun cas on ne peut l'utiliser pour ajouter, lors de la relecture, un exemple ou tout un développement !

La mise en page doit respecter les alinéas par lesquels se marquent les débuts de paragraphes. Il n'est pas d'usage, dans une dissertation, de recourir à des notes en bas de page ou en fin de texte.

L'écriture

Sans demander une calligraphie que les outils modernes ne permettent pas, et avant que ne se répande l'usage de remettre un devoir dactylographié, on peut recommander à l'étudiant de soigner son écriture, toujours dans le souci d'une parfaite lisibilité. Ainsi on évitera les fantaisies juvéniles (les petits ronds remplaçant les points sur les i), les graphismes torturés ou microscopiques. On préférera l'encre noire ou bleue et le papier blanc, en copies de quatre pages que l'on numérote discrètement.

L'habitude permet de rédiger aisément et d'éviter de recourir à l'effaceur, au blanc correcteur ou aux papiers collés pour les repentirs un peu trop tardifs. À la relecture finale, on peut corriger par une rature propre et nette, car il n'est plus temps de supprimer tout un développement.

Les citations

En conservant à l'esprit les conseils de prudence dans l'usage des citations (voir p. 30) voici comment les utiliser dans le développement.

Toutes les citations sont données entre guillemets et il existe bien des moyens de les introduire : ce sera l'occasion d'en donner les références. On distingue le cas où la citation est une phrase ou un membre de phrase intégré dans une de vos phrases :

Exemple : la thèse de Proust selon laquelle « l'œuvre est le produit d'un autre moi » contredit les théories de Taine.

et celui où la citation est une phrase qui conserve son autonomie :

Exemple : Dans son étude sur Corneille, Doubrovsky définit ainsi le héros : « L'épreuve de force héroïque avec le monde et avec autrui ouvre sur la plénitude du salut : sur la récupération terrestre du Moi, un moment sacrifié. »

Ces citations doivent être fidèles : toute suppression se marque par le signe [...], de même que tout changement rendu nécessaire par l'insertion de la citation dans le texte :

Exemple : On peut douter que « l'œuvre [soit] le produit d'un autre moi ».

Les citations étant courtes, il n'est pas utile de les dégager du texte en allant à la ligne avant ou après. Toutefois, si l'on cite plus de deux vers, il est préférable d'en respecter la disposition ; sinon on conserve les majuscules de début de vers et la limite entre les deux est marquée par une barre oblique :

Exemple : Nerval peut ainsi écrire : « Je suis le ténébreux, — le veuf, — l'inconsolé,/Le prince d'Aquitaine à la tour abolie. »

Les références

Qu'elles concernent une citation ou un exemple, elles doivent être exactes. On veillera à ne pas transformer certains titres (Céline a intitulé son premier roman *Voyage au bout de la nuit*, sans article) ; on ne prendra pas pour le titre d'une œuvre celui qu'un manuel a pu donner à un extrait (Voltaire n'a jamais écrit *Le Nègre de Surinam).*

La convention est de souligner les titres d'œuvres (qui apparaissent *en italique* dans les ouvrages imprimés) et de mettre entre guillemets les titres de subdivisions d'une œuvre, notamment le titre des poèmes : « Zone » est un poème d'*Alcools*. On ne fait pas précéder le nom de l'auteur ou d'un critique de Monsieur ou Madame, même abrégés.

Les références n'ont pas la précision d'une bibliographie. On se contente du nom de l'auteur et du titre de l'œuvre. Si le devoir porte sur un seul ouvrage on peut donner le numéro du vers ou de la page auquel on renvoie.

Si le titre commence par un déterminant pluriel, il est habituel de mettre le verbe qui a cette référence pour sujet au pluriel : *Les Liaisons dangereuses* **sont** un roman épistolaire ; *Illusions perdues* **est** une œuvre de Balzac. Ce déterminant peut être modifié par l'insertion dans une phrase : le héros des *Liaisons dangereuses.*

4.5 S'exprimer clairement

Soigner le style

Les plus graves défauts qui menacent le style sont l'incorrection, l'impropriété et la maladresse. Le recours systématique au dictionnaire de langue et à une grammaire du bon usage devrait permettre de les éviter. Plutôt qu'une liste fastidieuse et nécessairement incomplète des « ne dites pas », voici, glanées dans des copies, quelques fautes significatives :

– métaphores incohérentes : « un monde imaginaire, baigné de réalisme où les rêves et les cauchemars vont dévisager ce qui est » ; « le futur est englouti par la roue du temps » ;

– zeugma : « elle va tomber amoureuse et dans l'eau » ; « Queneau découvre et ironise sur les travers des gens » (au lieu de : découvre les travers et ironise sur eux) ;

– pléonasme : « fin ultime » ; « unis ensemble » ;

– confusion de paronymes* : « l'irruption du volcan » ; « l'invocation de la retraite de Russie » ; « l'annonciation de la mort prochaine » ; « Sartre avoue avoir été plagiste » (pour plagiaire) ;

– redondances : « le chant [*sic*] lexical appartient au registre de la mort » ; « l'image puise sa source dans la vision » ; « il se heurte à une impasse » ;

– truisme : « réflexion faite, V. Hugo nous rappelle que la mort nous guette à chaque instant de notre existence » ; « l'existence existe-t-elle ? »

– jargon : « la lumière est en dualité avec l'obscurité » ; « ce cadre pourrait être celui de la condition du narrateur, c'est-à-dire du conflit humain qui se traduit par une réflexion sur les axes de la condition humaine » ;

– néologisme : « caricaturiser » ; « majestuosité » ; « éphémérité » ;

– solécismes : « pour *en* trouver *leur* sens » ; « une façon *différente que* dans la plupart des poèmes » ; « il ne peut *ni* lire son livre *ou* son journal » ; « la mort tragique du poète *après avoir* souffert » (ce n'est pas la mort qui a souffert) ; « il *préfère* être seul *que* de se mêler » ; « le texte *dont* nous sommes en présence ».

La source principale des maladresses est l'abus des longues phrases : la multiplication des subordonnées conduit à oublier le verbe principal, les pronoms relatifs sont éloignés de leur antécédent. En revanche, on n'utilisera que rarement la phrase nominale dont la valeur affective ne correspond pas au ton de la dissertation.

La maîtrise de la ponctuation contribue à la clarté de l'expression ; le point-virgule convient à la subdivision d'une idée en ses différents éléments. Les deux points introduisent sans lourdeur une citation ou un exemple. Les parenthèses peuvent être utilisées pour une courte incise.

Le style de la dissertation est soutenu : on bannira, même entre guillemets, tout mot familier. Le ton est neutre : on ne s'emporte pas dans des blâmes ou des éloges, on laisse l'hyperbole aux journalistes. Il est recommandé de ne pas se manifester abusivement par « je » ou « nous ». Pourquoi écrire « je pense que… » puisque la dissertation sert précisément à exprimer cette pensée ? On préférera l'impersonnalité du « on », ou, mieux encore, on gommera tout indice de l'énonciation. C'est la valeur de l'argumentation qui convainc, non les manifestations intempestives d'une subjectivité.

Maîtriser l'orthographe

Une faute est une tache dans un devoir : qu'elle manifeste une ignorance ou une négligence, elle fait douter de la capacité d'un bachelier à s'exprimer en français. Il n'est peut-être pas inutile de revoir la conjugaison de certains verbes (acquérir, conclure, convaincre) ou de certains modes (le subjonctif du verbe avoir). L'orthographe d'usage s'acquiert par la lecture et la vérification en cas de doute dans un dictionnaire.

La relecture finale est trop souvent négligée, par manque de temps ou par une pudeur excessive. Si vous répugnez à vous relire, demandez ce service à un camarade ou, en temps limité, faites-le page par page en commençant par la dernière. La vigilance s'impose, car l'expérience montre que les fautes d'inattention se concentrent souvent sur quelques lignes.

Il convient de rappeler que l'on coupe les mots entre deux syllabes (dé-me-sure), mais que l'on ne coupe pas les noms propres. On ne laisse pas la ligne se terminer sur un mot élidé : s', l', qu'on reporte à la ligne suivante.

On n'utilise les chiffres que pour les dates et les références ; on évite les abréviations (le cf. est bien insuffisant pour introduire un exemple).

Pour finir, voici un texte qui reprend quelques-unes des difficultés grammaticales et orthographiques (ici en italique) les plus fréquemment rencontrées dans les dissertations. Combien de fautes y commettriez-vous ?

Les plaisirs de Marcel

Longtemps, il s'était couché de bonne heure. En toute *tranquillité, quelle que fût* la saison, il s'adonnait à la joie *indicible* de la lecture, *tout empreinte* de sérénité. Il en oubliait les *dilemmes* de la journée, les torts qu'il avait eus, les *exaltations* d'un moment, les *embarras* d'argent et goûtait le plaisir sans *ambiguïté* d'un recueil de *ballades* de Théophile *Gautier* ou d'un *quintil* de *Leconte de Lisle*. Il savait *tirer parti* de tout. Il s'emportait avec le héros de *Beaumarchais*, s'étonnait de son adresse, de son langage. L'absence d'*afféte-*

rie, le schéma vraisemblable des intrigues *susciteraient* toujours l'intérêt, même chez les vieilles gens qui *acquièrent* rarement un ouvrage et sont des lecteurs peu *enclins* à l'enthousiasme. L'inventaire, forcément *succinct,* ne saurait être *exhaustif* et nul n'était exclu : il adorait passionnément *Baudelaire, Saint-Simon* et *saint Augustin* ; les éloges *mérités* par leur œuvre *puissamment* charpentée, *intelligemment* élaborée concouraient à les placer sur un piédestal et *annihilaient* les *a priori* de l'opinion publique. Et, ainsi bercé par le *rythme* de cette *rhétorique,* il dormait sans aucun *cauchemar.*

COMMENTAIRES ET CORRIGÉS

1. Sujet 1 : Le « héros » d'un roman

Quel est le héros des *Liaisons dangereuses* ?

1.1 Comment aborder le sujet

1. Voici, pour débuter, un sujet qui apparaît facile : question simple et directe portant sur une œuvre connue (surtout depuis les récentes — et remarquables — adaptations cinématographiques de Stephen Frears et de Milos Forman) et sur une notion familière. Le risque est précisément de se laisser séduire par cet énoncé « engageant », de choisir d'emblée pour « héros » le personnage auquel on s'est identifié (le roman épistolaire facilite ces projections, surtout lorsqu'il est aussi bien agencé que l'est celui de Laclos), et de remplacer la dissertation par un panégyrique.
2. Il faut d'abord se demander quelle est exactement la question posée et pourquoi elle se pose. La question pose problème parce que « héros » est un terme polysémique : on peut dire, en simplifiant provisoirement, qu'il présente un sens général (« être s'élevant au-dessus de l'humanité ordinaire ») et un sens plus spécifiquement littéraire (« personnage principal d'une œuvre »). C'est bien ce problème qu'évoque l'énoncé puisqu'il s'agit de savoir non pas *qui* est le héros, mais *quel* il est, c'est-à-dire non de désigner un personnage, mais de définir, à travers tel ou tel personnage, le type de héros que privilégie l'œuvre.
3. D'un côté, il faut examiner le contenu de celle-ci, i.e. le ou les visages de l'héroïsme qu'elle peut être amenée à présenter à travers les différents personnages. De l'autre, il faut s'intéresser à la forme, *i.e.* dans le cas présent à la structure constituée par le système des personnages, pour déterminer quel est le « personnage principal ».
4. Et la question se pose bel et bien, parce qu'on a affaire à un roman épisto-

laire : ni l'auteur (contrairement à Stendhal disant couramment : « notre héros... ») ni un narrateur n'interviennent pour désigner un « personnage principal ». C'est particulièrement vrai des *Liaisons dangereuses* : contrairement à d'autres romans épistolaires, qui privilégient manifestement un personnage en lui attribuant la plupart des lettres ou en le désignant dans le titre (par exemple, *Delphine*, de Mme de Staël), celui de Laclos évoque des « liaisons », *i.e.* met en exergue non un ou plusieurs personnages, mais leurs relations.

5. On peut être tenté dès lors de chercher le héros ailleurs que dans un personnage, en se référant à l'analyse actantielle (selon laquelle les « acteurs » d'une séquence narrative ne sont pas forcément des personnages). Mais il faut se défier des hypothèses hasardeuses : même si les lettres ont parfois une action que n'avait pas prévue leur destinateur et peuvent apparaître comme des instruments du destin, elles ne sont pas des objets dotés d'une puissance supérieure comme on peut en trouver dans un récit fantastique ou dans un roman de Zola. L'auteur non plus ne peut être qualifié de « héros » (écrivant le roman, il peut en être considéré comme le *deus ex machina*, mais il n'est pas dedans !).

6. On peut aussi être amené à se demander si Laclos ne s'est pas servi de la structure du roman épistolaire, qui met à égalité les différents rédacteurs, pour dénoncer les prétentions de l'homme à l'héroïsme et la propension de la littérature romanesque à mettre un personnage en vedette.

7. Mais comment déterminer cette pensée de l'auteur ? Il faut la chercher à travers les points de vue des personnages, les seuls que nous offre explicitement le roman (mis à part le double avant-propos et les notes), et voir comment elle se construit à partir de ceux-ci, en les mettant en perspective, *i.e.* procéder à une lecture à deux niveaux. On peut aussi la déterminer par rapport à d'autres conceptions et pratiques littéraires, car le « héros de roman » a une histoire et il y a lieu de situer Laclos dans cette évolution.

Toutes ces indications préliminaires donnent une idée de la démarche à suivre et constituent le cadre dans lequel insérer l'étude concrète de l'œuvre à laquelle il faut procéder maintenant.

1.2 Comment conduire le développement

N.B. Pour rédiger l'introduction, on peut reprendre les § 2, 3, 4, et 6 ci-dessus pour ce qui est de la problématique, et le § 7 pour ce qui est de la démarche à suivre.

1. Le point de vue des personnages

a. Le « héros de roman » dénoncé

Considérons d'abord le point de vue des personnages. Il faut là encore distinguer deux niveaux : aux personnages « spontanés » que sont notamment Cécile Volanges et Danceny s'opposent ceux qui réfléchissent leur action en même temps que celle des autres, en se référant à des modèles culturels. Valmont dit de Danceny : « Je le sais par cœur, ce beau héros de roman ! » en définissant par la même occasion le modèle : « amoureux et timide », plein de « candeur », mettant « le bien suprême » dans « l'amour honnête » (lettre 57). La marquise de Merteuil écrit à Cécile : « Vous figurerez à merveille dans un roman. De la passion, de l'infortune, de la vertu par-dessus tout, que de belles choses ! » (lettre 105). Elle a d'ailleurs précédemment présenté celle-ci à Valmont (lettre 2) comme « l'héroïne de ce nouveau roman » (celui que constituera la « formation » de Cécile par Valmont) en insistant sur sa spontanéité et sa gaucherie.

Ce double portrait renvoie au roman d'aventures sentimentales hérité de la tradition baroque et précieuse (belle infortunée et soupirant timide). La marquise se réfère d'ailleurs explicitement à *L'Astrée* en qualifiant Danceny de « Céladon » (lettre 51). Il renvoie aussi au roman de formation qui s'est développé au XVIIIe siècle, notamment dans l'œuvre de Marivaux, et qui fait de la naïveté du héros non seulement un trait de caractère, mais un moteur de l'action (il lui faut apprendre le monde).

Mais l'ironie* du propos des deux libertins fait de ce modèle un repoussoir et les sarcasmes qu'adresse la marquise à Cécile dans la suite de la lettre 105 font de l'« héroïne » une anti-héroïne. Les libertins s'en prennent à la fois à la platitude de tels héros et au mensonge que constituent de tels romans ; ils apparaissent sur ce point comme les porte-parole de l'auteur, car leur critique trouve confirmation dans ce que dévoilent involontairement les jeunes « héros » dans leurs propres lettres. La prétendue naïveté de Cécile et de Danceny révèle à la fois l'emprise d'une éducation religieuse aliénante (Cécile est élevée au couvent, Danceny est chevalier de Malte, comme le constate avec dépit Cécile au début du roman, lettre 7) et la présence d'une perversité naturelle qui facilitera la corruption de Cécile par Valmont et en fera rapidement, selon la formule de la marquise, une « machine à plaisir », tandis qu'elle continuera à filer avec Danceny un « parfait amour » de plus en plus hypocrite. Danceny, de son côté, se laisse séduire par la marquise. Tous deux apparaissent en même temps comme incapables d'apprendre, de profiter de l'expérience de la vie : brusquement frappés par une catastrophe qu'ils n'avaient pas prévue, ils n'auront comme ressource que de retourner dans leur « couvent ». La dénonciation de Laclos prolonge ici celle de Diderot (*La Religieuse*) ou de Voltaire (*Candide*) et annonce celle de Sade. On peut la situer dans le cadre du procès que font les « philosophes » du XVIIIe siècle au roman, accusé de proposer une évasion dans un monde imaginaire alors que la littérature doit utiliser la raison pour comprendre le réel et agir sur lui.

b. Le libertin : héros authentique

Ces faux héros servent en fait de repoussoir aux vrais héros que se targuent d'être les deux libertins. À la passivité et à l'inconscience du « héros de roman », ainsi qu'à la morale conventionnelle et laxiste de la société qui les entoure, ils opposent le culte de la volonté et de l'énergie, une obéissance rigoureuse à des principes qu'ils se sont donné eux-mêmes et une exigence de dépassement. Loin d'être des « machines à plaisir », ils font du libertinage une ascèse, une recherche du risque, une occasion d'aller toujours plus loin et de se prouver leur maîtrise sur eux-mêmes en même temps que sur autrui.

Ainsi, en se proposant de séduire la présidente Tourvel, Valmont joue volontairement, et doublement, avec le feu. Il affronte une épreuve dont il souligne lui-même la difficulté : « Vous connaissez la présidente Tourvel, sa dévotion, son amour conjugal, ses principes austères ; voilà l'ennemi digne de moi ; voilà le but où je prétends atteindre » (lettre 4). Mais au risque d'échouer devant une prude s'ajoute celui de se dégrader. En proclamant qu'il est amoureux de la présidente, Valmont montre que la véritable lutte se livre en lui, entre sa morale héroïque de libertin et la passion, et que c'est son salut qui se joue : « J'ai bien besoin d'avoir cette femme, pour me sauver du ridicule d'en être amoureux » (lettre 4).

Mais cette prétention à l'héroïsme suscite une rivalité entre les deux libertins. Plus précisément, la marquise conteste celui de Valmont en affirmant qu'il ne lui vient pas à la cheville : « Qu'avez-vous fait que je n'aie surpassé mille fois ? » lui lance-t-elle dans la fameuse lettre 81, où elle démontre la supériorité de son mérite, puisqu'elle a dû échapper au double esclavage de la femme : celui de la nature, qui l'a faite « sensible », *i.e.* incapable de résister à l'aiguillon de la sensation ou du sentiment, et celui de la société, qui asservit la femme aux caprices de l'homme et l'empêche de mener librement sa vie comme lui. « Il faut vaincre ou périr. [...] Voilà notre roman. » En définissant ainsi, à la fin de sa lettre, sa future confrontation avec Prévan, elle énonce la formule capable de redonner ses lettres de noblesse à l'héroïsme en même temps qu'au roman.

L'allure cornélienne d'une telle formule souligne, avec sans doute un grain de parodie*, une parenté. Elle se rapproche du « Meurs ou tue » du vieil Horace, dont S. Doubrovsky avait souligné la valeur fondatrice dans l'héroïsme cornélien : un chapitre de son *Corneille ou la dialectique du héros* s'intitule d'ailleurs « Le "Meurs ou tue" cornélien compris à la lumière de la dialectique hégélienne du maître et de l'esclave ». La double maîtrise revendiquée par les libertins rappelle également le cri célèbre d'Auguste : « Je suis maître de moi comme de l'univers » (*Cinna*, v. 1696). En proclamant la portée collective de son action, en se posant en champion du sexe féminin opprimé, elle rejoint encore une exigence de Corneille, en une formule (« née pour venger mon sexe et maîtriser le vôtre ») qui est elle-même un alexandrin et rappelle Corneille jusque dans la forme (une note souligne d'ailleurs la présence d'autres alexandrins dans la même lettre).

En même temps qu'ils définissent et pratiquent cet héroïsme, les libertins s'en font les témoins par la correspondance qu'ils échangent, et l'écriture, cessant d'être au service de l'imagination, devient pour eux le moyen de se rendre compte scrupuleusement l'un à l'autre du déroulement de leurs entreprises. Ce réalisme trouve d'ailleurs son prolongement dans le projet de « mémoires » que la marquise envisage d'écrire pour transmettre à la postérité le souvenir des exploits de Valmont (lettre 2). Les *Mémoires* sont en effet, au même titre que le roman épistolaire (lorsqu'il se prétend, comme c'est le cas des *Liaisons dangereuses*, la publication d'une correspondance authentique) une façon de présenter la fiction comme réalité.

Mais héroïsme et le réalisme peuvent-ils faire bon ménage ? Peut-on véritablement transplanter dans un roman des héros tragiques et ressusciter le héros cornélien plus d'un siècle après sa mort (que Corneille avait lui-même programmée) ? Peut-on d'autre part prendre au sérieux un projet qui ferait de la marquise l'humble secrétaire des exploits de Valmont, elle qui ne cesse au cours du roman de les rabaisser ? Dans le même ordre d'idées, que penser de la dimension parodique notée plus haut, à propos des références à Corneille ? Il faudrait à présent examiner l'héroïsme des libertins de plus près (pour voir en quoi il se distingue de celui des personnages cornéliens) et de plus loin (*i.e.* en prenant de la distance par rapport au point de vue des personnages pour considérer ce que nous dit l'œuvre dans son ensemble).

2. La contestation de l'héroïsme libertin

a. Un héroïsme dégradé

Lorsque la marquise traite Valmont de « fidèle chevalier » (lettre 2) ou qu'elle le compare « à nos preux chevaliers qui venaient déposer aux pieds de leur dame les fruits brillants de leur victoire » (lettre 21), elle se réfère à l'éthique courtoise des romans médiévaux, à la fois par intérêt (la femme y occupe une position dominante, étant la suzeraine à laquelle son chevalier servant doit un total dévouement) et par dérision (elle évoque les conquêtes du libertin : tout le contraire du parfait amour).

Mais la caricature est à double tranchant. Elle fait également apparaître la « prouesse » libertine comme un pâle succédané de la prouesse féodale et le libertin comme la dernière étape de la déchéance aristocratique : les « capitaines » de Corneille tournaient déjà au courtisan chez Racine ; ils deviennent ici des salonnards. Leur arme est d'ailleurs l'arme des faibles : l'hypocrisie (comme le disait Machiavel, quand on n'a pas la force du lion, il faut avoir recours à la ruse du renard).

Mais le héros a le droit de ruser s'il se trouve momentanément en situation de faiblesse : c'est ce que fait Horace face aux Curiaces. Plus compromettante est l'illusion sur la valeur et le sens de sa propre action. Cette illusion, la marquise la dénonce sans relâche chez son complice en lui disant qu'il se conduit avec la présidente non en libertin, mais en amoureux, et que la lettre de rupture qu'il a fini par lui adresser ne l'empêche pas de continuer à l'aimer « comme un fou » (lettre 145). Mais que penser de la marquise elle-même, qui déclare vouloir venger les femmes et qui les livre à Valmont en les accablant de son mépris ?

Qu'elle ait été blessée dans son amour ou dans son amour-propre, la marquise n'a pu supporter de se voir supplanter par une rivale (lettre 145) et dévoile en cette occasion les fondements de sa morale : le ressentiment et la volonté de puissance. On les retrouve aussi chez Valmont lorsqu'il déclare à propos de la présidente : « J'oserai la ravir au Dieu qu'elle adore » (lettre 6). La volonté de puissance s'oppose à l'amour, dont il faut se protéger en édictant des principes rigoureux. Une telle morale aboutit à la mutilation des autres et de soi. C'est ce que signifie le dénouement du roman. Condamnés à une lutte à mort stérile (c'est précisément pour l'éviter que Corneille avait inventé son héroïsme), les libertins sont entraînés dans une catastrophe qu'ils ont déclenchée.

Il ne semble donc pas que Laclos ait voulu proposer ses libertins comme des personnages héroïques. Faut-il chercher le héros ailleurs ?

b. La présidente Tourvel : une héroïne du sentiment ?

Dans l'intrigue du roman, la présidente Tourvel semble jouer essentiellement le rôle de la victime. De ce point de vue, Laclos aurait pu intituler son roman, comme Sade quelques années plus tard, *Les Infortunes de la vertu*. Elle montre que la morale religieuse constitue une protection illusoire contre les entreprises d'un libertin. Croyant convertir Valmont au bien (et inconsciemment attirée par son contraire), elle a été entraînée dans le monde de la faute.

Mais on peut lire aussi son aventure comme une transgression assumée, comme la révélation et l'acceptation d'une autre dimension de l'existence. Ses confidences à Mme de Rosemonde, après sa « chute », montrent l'évolution de la présidente. Elle considère d'abord qu'elle s'est « perdue », qu'elle s'est sacrifiée au bonheur de Valmont : « quand je crains de ne pouvoir plus supporter mes tourments, je me dis : Valmont est heureux... » (lettre 128). C'est encore la prude qui parle. Mais elle tient dans la lettre 134 un autre langage : « Pourquoi cesserait-il de m'aimer ? Quelle autre femme rendrait-il plus heureuse que moi ? » Et elle évoque « ce sentiment délicieux qui ennoblit l'amour, qui le purifie en quelque sorte, et qui le rend vraiment digne d'une âme tendre et généreuse, telle que celle de Valmont ». Il ne s'agit plus ici d'un sacrifice, mais d'une conversion à l'amour comme valeur suprême, comme réalisation de l'autre et de soi.

On pourrait être tenté d'y voir une illusion à laquelle la lettre de rupture de Valmont va infliger un cinglant démenti. Mais que signifie cette lettre ? Non que Valmont n'est pas amoureux, mais que, contrairement à la présidente, il n'ose pas transgresser sa propre morale, qui est celle du libertinage. La présidente serait donc héroïne du sentiment en laquelle Laclos aurait incarné son rousseauisme ; elle ferait émerger une morale ouverte de l'affrontement stérile entre deux morales closes, celle de l'ancien monde catholique et celle qu'avait engendrée au XVIIe siècle le rationalisme (le double libertinage d'esprit et de mœurs) et qui se serait figée à son tour. Il reste que, contrairement à Julie, héroïne rayonnante de *La Nouvelle Héloïse*, la présidente est impuissante à promouvoir cette nouvelle morale et qu'elle reste d'ailleurs victime d'une idolâtrie (elle adore Valmont comme un dieu) porteuse d'illusions (même s'il l'aime, Valmont est toujours un libertin... et le lui fait bien voir).

c. Un héros problématique : Valmont

Il faut donc renoncer à trouver un personnage héroïque dans *Les Liaisons dangereuses*. Le roman est plutôt une démonstration de l'illusion héroïque. Le héros, c'est donc celui qui est au cœur de cette démonstration, au centre de gravité de l'intrigue, sans en être bien évidemment le meneur : Valmont. C'est d'ailleurs lui qui écrit le plus grand nombre de lettres.

C'est le seul qui soit engagé directement dans les trois principales « liaisons » qu'étudie le roman : la séduction de Cécile, celle de la présidente, l'affrontement avec la marquise. C'est lui qui est placé à la croisée des chemins, entre les deux pôles incarnés par la marquise et la présidente : le libertinage et l'amour. Contrairement au héros du roman de formation, c'est un personnage qui apparaît sûr de lui et de sa vocation. En croyant s'élever toujours plus haut dans la voie de l'héroïsme libertin, il en découvre les limites et s'engage dans la voie opposée. Mais, trop marqué par son passé et son milieu, il ne réussit pas à se dépouiller du « vieil homme ». Il représente donc bien le type de héros qu'on retrouvera chez Balzac ou Flaubert, et que définit L. Goldmann dans *Pour une sociologie du roman* : « Le héros du roman est un personnage *problématique* dont la recherche dégradée, et par là même inauthentique, de valeurs authentiques dans un monde de conformisme et de convention, constitue le contenu de ce nouveau genre littéraire que les écrivains ont créé dans la société individualiste et qu'on a appelé *roman*. »

Conclusion

Avec le romantisme, le défi du libertin à la religion engendrera le héros satanique, et l'amour apparaîtra comme une valeur rédemptrice. Laclos montre plutôt le blocage d'une société en crise : la morale conventionnelle reprend finalement possession de la scène, sous la plume de Mme de Volanges. Son étroitesse de vues, sa bonne conscience, ses préceptes frileux font sentir la fragilité d'un tel retour à l'ordre. L'univers de Laclos est bien en attente d'une révolution.

Références bibliographiques

DOUBROVSKY Serge, *Corneille ou la dialectique du héros*, Gallimard, 1982, repris en coll. « tel » n° 64.
GOLDMANN Lucien, *Pour une sociologie du roman*, (nouv. éd.) Gallimard, 1970, repris en coll. « tel » n° 101.

2. SUJET 2 : ROMAN ET RÉCIT

Commentez l'opinion formulée en 1977 par A. Malraux dans *L'Homme précaire et la Littérature* : « Le génie du romancier est dans la part du roman qui ne peut être ramenée au récit. »

2.1 Comment aborder le sujet

1. Analyse de l'énoncé

1. L'énoncé est paradoxal, dans la mesure où le roman fait partie des genres narratifs (ou diégétiques), *i.e.* se définit avant tout comme récit. Le roman, en principe (à l'origine en tout cas), raconte une histoire.
2. Mais il ne comporte pas que du récit : on y trouve notamment des descriptions, des dialogues, éventuellement des discours idéologiques. Le terme de « récit » lui-même mérite examen : il peut désigner à la fois ce qu'on raconte (l'histoire) et l'acte, la façon de raconter (la narration) ; d'autre part, comme l'a montré É. Benveniste dans un article sur « Les relations de temps dans le verbe français[1] », il y a lieu de distinguer le récit, qui exclut la

1. In *Problèmes de linguistique générale*, Gallimard, 1966, repris en coll. « tel », t. 1 n° 7 et t. 2 n° 47.

manifestation d'un narrateur (Benveniste l'appelle pour cette raison « récit historique »), du discours, dans lequel le narrateur s'implique.

3. Le « génie du romancier », au sens premier, étymologique (du latin *ingenium*), du mot « génie », *i.e.* « dispositions naturelles », « caractères distinctifs », ne pourrait donc se manifester que dans la mesure où il ne s'effacerait pas derrière l'histoire qu'il raconte et outrepasserait la fonction collective du conteur pour exprimer sa nature, ses visions personnelles (que celles-ci soient « géniales » ou non d'ailleurs : ce serait sans doute restreindre la portée de l'opinion de Malraux que de comprendre « génie » au sens d'« aptitude supérieure »).

4. Si on oppose les deux sens du mot « récit », on peut aussi comprendre que Malraux oppose implicitement l'histoire racontée (sens 1), *i.e.* en somme la « matière » du roman (c'est d'ailleurs le terme qu'on employait au Moyen Âge pour désigner le sujet de l'œuvre) et l'art de la raconter (sens 2), *i.e.* la forme.

5. Mais il faudrait également prêter attention à l'expression « ne peut être ramenée », en pensant que le roman est le genre qui se caractérise par sa liberté, son absence de règles (cette souplesse — et l'adaptabilité qui en résulte — est d'ailleurs une des raisons de son remarquable développement). Dans la mesure où le récit est ce par quoi doit passer, en principe, le roman, le « génie du romancier », ce peut être aussi de revendiquer cette liberté en se soustrayant à l'obligation première.

2. Formulation de la problématique

Cette liberté peut s'analyser comme une libération et amener à considérer le roman dans son histoire, à voir comment il a marqué ses distances avec le genre narratif qui l'a précédé : l'épopée, ou avec un genre voisin comme le conte. Mais la formule de Malraux est générale et semble dire qu'en échappant au récit le romancier découvre son génie propre, *i.e.* la véritable nature de son art. C'est donc à la fois de l'évolution et de l'essence du genre romanesque qu'il est question, et les exemples peuvent être pris à toutes les époques, sans oublier naturellement l'œuvre romanesque de Malraux lui-même.

3. Construction du plan

1. Comment organiser à présent la réflexion ? La démarche qui consisterait à appuyer d'abord l'opinion de Malraux, puis à présenter des réserves ou des

objections, ne se justifie que dans le cas où le désaccord l'emporte : en arguant du retour en vogue du roman « romanesque » (et de la tradition des conteurs), on peut soutenir que le roman s'est dévoyé et coupé du public en cessant d'être un récit. Mais si l'on pense que, même s'il ne renonce pas à raconter, le roman est bien plus qu'un récit (ce qui ressort de la lecture de tous les grands romans), mieux vaut adopter la démarche inverse, *i.e.* faire dans un premier temps la part du récit (et faire ainsi ressortir le paradoxe de l'énoncé), puis élargir et diversifier la perspective.
2. Cet élargissement peut s'orienter dans deux directions qui correspondent d'ailleurs assez bien à l'évolution du genre. D'abord celle d'un roman qui, tout en s'enrichissant, reste fidèle à sa base narrative. Puis celle d'un roman qui rejette le récit.

2.2 Comment conduire le développement

N.B. Pour l'introduction, on peut utiliser les éléments de l'analyse ci-dessus, en les simplifiant (se contenter de mentionner la polysémie des mots « récit » et « génie », et y revenir plus précisément dans le développement), en retranchant évidemment les commentaires sur la méthode (§ 3-1) et en soulignant la problématique (paradoxe de l'énoncé, mais liberté du roman, échapper au récit jusqu'où ?)

1. La part du récit

a. Le récit comme histoire

Le récit est la base du roman, qu'il soit classique ou moderne. Il est par exemple l'objet du premier chapitre de l'ouvrage récent de B. Valette : *Esthétique du roman moderne*. Les recherches faites par les formalistes russes sur le conte folklorique ont été étendues au roman et ont débouché sur une analyse structurale et sur une typologie du récit romanesque. Cette méthode consiste à décomposer le roman, récit complexe, en séquences narratives qui en constituent les unités de base. Ainsi, dans un numéro spécial de la revue *Communications* intitulé « L'analyse structurale du récit » (repris en 1981 dans la collection Points), T. Todorov s'attaque aux *Liaisons dangereuses* qu'il découpe en micro-récits organisés en triades, et qui, dit-il, « correspondraient à un petit nombre de situations essentielles dans la vie ; on pourrait les désigner par des mots comme "tromperie", "contrat", "protection", etc. » De même, il réduit à trois les rapports possibles entre les personnages : « désir, communication et participation ». Même le nouveau roman, dont nous verrons qu'il rejette d'une certaine manière le récit, est justiciable de ce type d'analyse.

De telles investigations, montrant sur quels éléments communs répétitifs repose une histoire singulière, contribuent à une science du récit (il n'y a de science que du général), mais ces éléments ne constituent que les stéréotypes sur lesquels le « génie du romancier » exécute ses propres variations.

Il intervient d'abord dans la combinaison des séquences, qui peut varier à l'infini. D'ailleurs, T. Todorov, passant de l'analyse à la synthèse et du général au particulier, s'attache à montrer en quoi le récit de Laclos obéit à une logique particulière.

b. Le récit comme narration

Mais, plus que le contenu du récit, c'est la façon de le présenter qui porte la marque du romancier. T. Todorov esquisse à propos des *Liaisons dangereuses* une typologie reprise plus systématiquement par G. Genette dans son « Discours du récit[2] ». Un romancier qui raconte une histoire ne se contente pas de dérouler une succession d'aventures. Il fait constamment des choix qui concernent le temps (narration chronologique ou non, plus ou moins rapide, singulative ou itérative), le point de vue — que G. Genette appelle focalisation — (qui voit ?) et la voix (qui parle ?) .

À l'état pur, l'art du récit consiste à capter l'attention du lecteur et à le tenir en haleine, à jouer à la fois de l'inéluctable et de l'imprévu, bref à mettre en œuvre l'illusion romanesque. Par exemple, commencer un récit *in medias res, i.e.* en pleine action, permet de plonger d'emblée le lecteur dans un événement dont l'intensité et le mystère l'attirent. Pour prendre un exemple dans l'œuvre même de Malraux, qui ne se souvient du début de *La Condition humaine*, et de Tchen face à la moustiquaire ? De même, le choix du récit à la première personne facilite l'identification du lecteur au héros-narrateur et constitue un « effet de réel » qui renforce la crédibilité du récit. Et que dire du fameux « vous » de *La Modification* qui intrigue et implique à la fois le lecteur de M. Butor ? L'apparition en 1836 du roman-feuilleton a contribué à développer cette technique en même temps qu'à populariser le roman : Alexandre Dumas jouit encore aujourd'hui d'une large audience.

2. In *Figures III*, Seuil, 1972.

Mais il en a du même coup montré les limites. L'art de la narration a tendance à s'y figer en recettes et, bien qu'il ait publié la plupart de ses romans en feuilleton, le plus grand romancier de l'époque, Balzac, n'a jamais réussi à obtenir le succès d'un Eugène Sue. C'est donc que le roman n'est pas un pur récit et même que le récit n'y est peut-être pas l'essentiel.

2. Le dépassement du récit

Si l'on considère l'évolution du genre on peut y percevoir trois grandes tendances qui contribuent à faire du récit un moyen plutôt que le but du roman : le réalisme tend à prendre le pas sur le romanesque, au divertissement s'adjoint la réflexion, le désir d'efficacité (fonction conative* du langage, d'après Jakobson) est contrebalancé par celui de s'exprimer.

a. Du romanesque au réalisme

Cette évolution s'inscrit dans le passage de l'épopée au roman. L'épopée médiévale met en scène une histoire (celle de l'époque carolingienne) transformée en mythe ; le roman, lui, semble plonger d'emblée dans le mythe à travers l'exotisme de la légende arthurienne, la présence de fées et d'enchanteurs qui s'ajoutent aux exploits surhumains des héros, déjà présents dans l'épopée. Mais, déjà Chrétien de Troyes (XIe siècle) y mêle des témoignages sur la réalité quotidienne de son temps. Par exemple, dans ce roman au sujet particulièrement mythique qu'est *Perceval ou le roman du Graal*, l'épisode qui se passe au royaume d'Escavalon présente une ville animée et pleine de richesses, avec des « changeurs d'or et d'argent aux tréteaux couverts de monnaies diverses, [...] de bons ouvriers occupés à tous leurs métiers ». C'est l'image d'un pays de cocagne, mais c'est aussi celle de l'urbanisation et du capitalisme naissant, avec d'ailleurs les conflits qu'il engendre (la suite de l'épisode voit les bourgeois de la ville s'attaquer au château).

Cette évolution se précise avec le développement du roman de mœurs contemporaines aux XVIIIe et XIXe siècles (de l'abbé Prévost à Balzac), aboutissant au réalisme (dont Flaubert est à la fois le dissident et le plus illustre représentant) et au naturalisme (Zola). C'est également, plutôt que de raconter une histoire, le souci de témoigner de la réalité, de la prendre en charge, qui anime les premiers récits surréalistes (*Nadja*, *Le Paysan de Paris*), mais une réalité élargie aux dimensions de la surréalité.

b. Du divertissement à la réflexion

L'épopée est, à l'origine, orale. Le roman est d'emblée écrit, et la pratique écrite du langage lui apporte une dimension plus réflexive qui contribue, avec le souci de réalisme, à introduire dans le roman le débat d'idées et à y évoquer les problèmes du temps. Ainsi Chrétien de Troyes débat de l'éthique courtoise, et, à l'opposé des auteurs de *Tristan*, soutient la compatibilité entre amour et mariage. Marguerite de Navarre évoque le néoplatonisme dans les contes de *L'Heptaméron*. Et, à la même époque, c'est Rabelais qui, par la fameuse image de la « substantifique moelle » (prologue du *Gargantua*), souligne que les histoires fantaisistes qu'il raconte ne sont que le revêtement d'une nourriture hautement intellectuelle.

C'est évidemment au XVIIIe siècle que ces préoccupations idéologiques apparaissent au premier plan : les philosophes reprochent au roman d'être une école d'invraisemblance et d'illusion, tout en s'efforçant de produire eux-mêmes des romans (pour Voltaire, on parle plutôt de contes) philosophiques. Ainsi Montesquieu, tout en égratignant au passage dans les *Lettres persanes* les auteurs de romans qui « passent leur vie à chercher la nature et la manquent toujours », explique les raisons pour lesquelles il a choisi la forme épistolaire : en présentant un récit discontinu qui lui autorisait les digressions, il « s'est donné l'avantage de pouvoir joindre de la philosophie, de la politique et de la morale, à un roman ». Voltaire choisit au contraire de souligner la trame narrative de *Candide* (au détriment de l'épaisseur psychologique des personnages) pour faire ressortir la portée démonstrative de son récit.

c. De la fonction impressive à la fonction expressive**

Au XIXe siècle, avec le romantisme, un nouveau type de romancier apparaît, moins préoccupé de divertir ou de convaincre son lecteur que de s'épancher et de se mettre en scène. Le XVIIIe utilisait la première personne pour donner au roman une authenticité feinte en l'intitulant *Mémoires*. Le XIXe met en scène des personnages à peine fictifs dans des romans (*René*, *Adolphe*) qui sont des autobiographies déguisées. Le récit est là encore utilisé à des fins qui lui sont extérieures : auto-analyse ou apologie, et la biographie de l'auteur qui en constitue la trame est maquillée de façon à ce que sa vie apparaisse comme un destin et prenne une dimension symbolique. Moins asservi à la fonction narrative que le roman historique (cf. chapitre 1, p. 15), autre forme en vogue à l'époque romantique, il va s'enrichir à mesure que se découvrira la psychologie des profondeurs et qu'au XXe siècle, se fera sentir la double influence de Dostoïevski et de Freud.

d. La synthèse balzacienne

Pour mesurer à quel point le roman va au-delà du simple récit, l'œuvre de Balzac constitue un terrain de choix.

Elle se caractérise d'abord par l'importance qu'y prend la description par rapport au récit. Généralement préliminaire au récit, elle ne se contente pas d'en constituer le décor, elle le prédétermine. Comme l'écrit M. Raimond (*Le Roman depuis la Révolution*), « le drame est inscrit dans les visages et dans les lieux avant d'être inscrit dans le déroulement d'une aventure ». Ainsi, dans *Les Paysans*, la majeure partie du roman est constituée par un tableau de la société paysanne dans ses rapports avec la bourgeoisie de la ville, qui se sert des paysans aux abois (ils se sont endettés pour acquérir des biens nationaux) pour se débarrasser d'un concurrent, le grand propriétaire Montcornet. Le drame est intense (il y a meurtre), mais n'éclate que lorsque Balzac en a longuement démontré la nécessité. Le récit n'est finalement que la vérification du bien-fondé de la description. Celle-ci est donc à la fois fondamentale et dynamique. J. Gracq le souligne dans *En lisant, en écrivant* : « Un roman de Balzac qu'on s'amuserait à alléger de ses descriptions dans la seule intention de le dégraisser n'évoquerait aucunement une maison où on a fait des rangements, mais plutôt une nef gothique dont on démolirait par économie les arc-boutants. »

C'est la description qui fonde les prétentions du roman à rendre compte intégralement du réel et à constituer le genre suprême. À l'époque où A. Comte installe la sociologie au sommet de l'édifice de la connaissance, Balzac inverse la hiérarchie des valeurs qui mettait le roman à une place secondaire et affirme dans l'*Avant-propos* de *La Comédie humaine* (1842) une triple ambition : « faire concurrence à l'état civil », *i.e.* montrer la société dans son ensemble, et en donner une image aussi inépuisable que le réel (notamment grâce au retour des personnages, trouvaille qui manifeste le « génie du romancier ») ; expliquer la marche de cette société, « en surprendre le sens caché » ; à partir de là enfin, « voir en quoi les Sociétés s'écartent ou se rapprochent de la règle éternelle », *i.e.* leur fournir les moyens de se diriger, ce qui rend l'écrivain « égal et peut-être supérieur à l'homme d'état ».

Mais « faire concurrence à l'état civil », c'est aussi se poser en créateur d'un monde, en rival de Dieu (le titre de *Comédie humaine* rappelle la *Divine comédie* de Dante). L'objectivité de Balzac rencontre là sa subjectivité, *i.e.* la puissance de son imagination qui lui permet d'animer des créatures nées de ses fantasmes autant que de ses observations et de son expérience. C'est bien ainsi que l'entend Malraux, qui dit de Balzac : « La fameuse rivalité avec l'état civil, fanfaronnade dans l'ordre de la création, trouve un grand sens dans celui de l'imaginaire. »

Ce n'est donc pas le récit qui commande (il arrive même qu'un romancier soit obligé de modifier son intrigue parce qu'un personnage refuse de s'y plier), et l'on a vu que les romanciers tendaient à réduire la part du récit. Mais cette réduction peut aller jusqu'à la mise en question.

3. La mise en cause du récit

Bien avant *L'Ère du soupçon* de N. Sarraute (1956), la réflexion des romanciers sur leur propre pratique les a amenés à porter périodiquement un regard suspicieux sur le roman et en particulier sur le récit.

a. Le récit contesté

On a vu (2 : *b*) que le XVIIIe siècle avait fait sa cible des romans d'aventures romanesques. Par exemple G.H. Bougeant, dans son *Voyage merveilleux du Prince Fan-Feredin en Romancie...* (le titre, d'une longueur caricaturale, est ici abrégé), paru en 1735, énumère les péripéties traditionnelles de ce type de récit en soulignant, outre leur invraisemblance, leur monotonie et leur prolixité : « La plupart des romans sont tous faits sur le même modèle, et leurs Auteurs ont le talent d'allonger tellement les événements et les récits, qu'ils font un volume de ce qui ne fournirait pas quatre pages à un écrivain » (la même remarque vaut pour le roman-feuilleton, et aujourd'hui pour le feuilleton télévisé).

Diderot reprend la critique dans *Jacques le fataliste,* mais dans une mise en scène qui détruit l'illusion romanesque que de tels récits cherchent à produire. Il interrompt en effet son propre récit pour faire intervenir un « auteur » qui vend la mèche : « Vous voyez, lecteur, que je suis en beau chemin, et qu'il ne tiendrait qu'à moi de vous faire attendre un an, deux ans, trois ans, le récit des amours de Jacques, en le séparant de son maître et en leur faisant courir à chacun tous les hasards qu'il me plairait. [...] Qu'il est facile de faire des contes ! » Non seulement l'invention narrative est ici tournée en dérision, mais le lecteur prêt à croire au récit est brusquement « réveillé » et obligé à prendre ses distances. Ce procédé est constamment utilisé dans le cours de l'œuvre, et derrière le souci d'authenticité affiché par « l'auteur » concernant le contenu de l'œuvre (« ceci n'est point un roman », répète-t-il, mais le lecteur sait bien que si), il faut voir que Diderot se sert du récit pour mettre en question le récit : en rompant sans cesse la trame narrative (diverses histoires ne cessent d'interférer), en refusant de terminer son récit (il propose au lecteur trois fins possibles), il arrache son lecteur à la fascination d'une lecture linéaire et l'oblige à interroger, en les confrontant, les fragments narratifs qui lui sont proposés, pour en dégager du sens.

b. Le récit neutralisé

Une autre forme de rejet larvé du récit s'observe chez un écrivain comme Flaubert, spécialement dans *L'Éducation sentimentale*. Ce roman présente en effet « une intrigue qui n'en est pas une », comme le dit un intitulé de P. Cogny[2]. L'existence du personnage principal est faite de velléités, d'expériences avortées, de ressassements, à l'image de la révolution de 1848, qui symbolise les illusions et l'échec de toute une génération. Même son « grand amour » pour Mme Arnoux est finalement oublié. Cet effacement (aux deux sens du terme) de l'intrigue peut être attribué au réalisme de Balzac : la vie de son héros est conforme à son (absence de) caractère, l'échec de la révolution de 1848 est patent (d'ailleurs les historiens s'appuient volontiers sur l'ouvrage de Flaubert). On peut y voir aussi une marque du nihilisme qui se développe dans la seconde moitié du XIXe siècle et qui considère que la vie n'a pas de sens : raconter une histoire, c'est donner du sens.

Mais on peut aussi se demander si *L'Éducation sentimentale* n'est pas dans une certaine mesure la réalisation du rêve qu'avouait Flaubert dans une lettre à Louise Colet : « faire un livre sur rien, [...] qui se tiendrait de lui-même par la force interne de son style, [...] un livre qui n'aurait presque pas de sujet ou du moins où le sujet serait presque invisible ». Seule compte alors pour l'écrivain la beauté de l'écriture, et il ne compte que sur elle, dédaignant la séduction du récit.

De même chez Proust coïncident un enlisement du récit et une valorisation de la forme. *À la Recherche du temps perdu* comporte une intrigue : la

2. Dans une étude parue dans la collection « Thèmes et textes ».

recherche et la découverte par le héros, après bien des erreurs et des déceptions, de sa vocation d'écrivain et de l'écriture comme seul moyen de « retrouver le temps ». Mais cette intrigue se perd dans les lenteurs et les louvoiements du récit : la relation d'une demi-journée peut occuper plus d'une centaine de pages, les digressions et les voyages dans le temps se multiplient. Mais cette dispersion, figure du temps perdu, s'inverse grâce à la capacité qu'a l'écriture de réunir ce qui est séparé dans ce que A. Robbe-Grillet appelle, dans *Pour un nouveau roman,* « une architecture mentale du temps » et dans ce que Proust lui-même nomme « les anneaux nécessaires d'un beau style ».

c. Le refus des nouveaux romanciers

Avec les nouveaux romanciers, la mise en cause du récit s'affiche et se radicalise en devenant théorie. Ainsi, dans *Pour un nouveau roman* (1963), A. Robbe-Grillet rejette la définition selon laquelle « un vrai romancier est celui qui sait raconter une histoire », d'abord parce que c'est faire de l'écriture un simple moyen de mettre en valeur l'essentiel, *i.e.* l'histoire, mais aussi parce que c'est une façon de promouvoir un réalisme trompeur.

L'auteur s'attache à rendre « naturelle » pour ses lecteurs l'histoire qu'il raconte, *i.e.* à la « faire ressembler [...] à l'idée toute faite qu'ils ont de la réalité ». Cette réalité étant présumée inépuisable, il en extrait ce que les naturalistes ont appelé « une tranche de vie ». Mais cette « tranche » manifeste l'intelligibilité de l'ensemble. C'est ce « naturel » que rejette A. Robbe-Grillet, d'abord parce qu'il y voit une émanation du positivisme bourgeois, *i.e.* d'une idéologie périmée, ensuite parce qu'il considère l'art en général et l'écriture littéraire en particulier comme invention, non comme imitation de la réalité. L'histoire du roman montre en effet que quelques années après Balzac, qui représente pour A. Robbe-Grillet l'apogée de l'écriture « bourgeoise », Flaubert ruine cette conception d'un auteur omniscient capable de comprendre (*i.e.* d'embrasser et d'expliquer) la société dans sa totalité. Et A. Robbe-Grillet conclut : « Raconter est devenu proprement impossible. »

Il ne s'agit pas pour autant de rejeter le narratif. Au contraire on constate, chez Proust par exemple, une prolifération d'anecdotes. Mais la multiplication des éléments narratifs, au lieu de construire une histoire, tend plutôt à la détruire, *i.e.* à inquiéter le lecteur en lui présentant non l'image d'un monde rassurant, mais le mouvement d'une écriture problématique. Ainsi, A.

Robbe-Grillet construit ses romans en effaçant progressivement les pistes narratives qu'il met en place (ce qu'indique le titre de son roman *Les Gommes*), et choisit volontiers pour ce travail de désintégration les modèles romanesques les plus stéréotypés (comme le roman d'espionnage dans *La Maison de rendez-vous*). Finalement, comme il le dit à propos de *La Jalousie*, « l'histoire [n'a] d'autre réalité que celle du récit » : le « narrateur invisible », *i.e.* le mari jaloux qui observe, caché derrière les lamelles de sa jalousie, est à la fois l'écrivain et le lecteur. En systématisant les dérapages qu'a connus le récit romanesque, on peut dire que le nouveau roman achève un retournement : le récit n'est plus au service de l'histoire, c'est l'histoire qui est au service du récit.

Conclusion

La citation de Malraux a donc le mérite de rendre compte de l'évolution du genre romanesque, de la place prépondérante que ce genre occupe dans la littérature moderne, grâce à sa plasticité qui permet au génie de chacun de s'exprimer, et de sa capacité à élaborer sa propre critique.

Mais le succès qu'il rencontre auprès du public tient aussi, bien évidemment, au fait que celui-ci continue à avoir envie qu'on lui raconte des histoires, et cette fonction n'est pas à dédaigner, car les histoires que raconte le roman prennent le relais des mythes que narraient l'épopée ou le conte, dans une perspective plus historique, plus réaliste et souvent plus idéologique. Malraux en est d'ailleurs un bon exemple, lui qui a nourri plusieurs de ses œuvres du mythe révolutionnaire. Or il n'est pas sûr qu'une société puisse se passer de mythes. Mais il est sûr que le romancier est de moins en moins un conteur naïf.

Références bibliographiques

GENETTE Gérard, « Discours du récit », *Figures III*, Seuil, 1972, repris en coll. « Points/Seuil ».

PROPP Vladimir, *Morphologie du conte*, « Points/Seuil », 1970.

RAIMOND Michel, *Le Roman depuis la Révolution*, A. Colin, 1985.

ROBBE-GRILLET Alain, *Pour un nouveau roman*, Minuit, 1963, repris dans la coll. « Idées/Gallimard ».

TODOROV Tzvetan, « L'analyse structurale du récit », repris dans la coll. « Points/Seuil », 1981.

VALETTE Bernard, *Esthétique du roman moderne*, Nathan, 1993.

3. Sujet 3 : Comique et tragique

« Le comique étant intuition de l'absurde, il me semble plus désespérant que le tragique. Le comique n'offre pas d'issue. »

Commentez, et éventuellement discutez, cette affirmation d'E. Ionesco (« Expérience du théâtre », *Notes et contre-notes,* 1966).

3.1 Comment aborder le sujet

1. L'affirmation proposée présente une définition du comique sous la forme d'une **comparaison** (« *plus* désespérant ») avec le tragique. Il s'agit là de deux notions qu'il ne faut pas confondre avec les deux genres que sont la comédie et la tragédie. Il en résulte deux conséquences. Parler de la comédie ou de la tragédie en général serait étendre abusivement le sujet. À l'inverse, on le restreindrait abusivement en abordant le comique uniquement dans la comédie, ou le tragique uniquement dans la tragédie. On peut trouver dans une même pièce du comique et du tragique et, s'agissant ici plus particulièrement du comique, il y a lieu de le chercher aussi dans des genres non théâtraux. La dissertation a notamment pour objectif de définir littérairement cette notion, *i.e.* la transcription d'une vision (Ionesco parle d'« intuition ») en un texte (voire en une mise en scène).

2. Cette comparaison prend l'apparence d'un **paradoxe** et sert à le mettre en évidence. Le comique et le rire sont normalement associés au champ lexical de la joie, non du désespoir, et c'est le tragique qui est réputé sans issue. Anouilh a brodé sur ce thème une variation célèbre dans son *Antigone* (« C'est reposant, la tragédie, parce qu'il n'y a plus d'espoir »). Mais il ne faudrait pas se montrer trop naïf et trop insister sur ce paradoxe. Le sens commun dit aussi : « Il vaut mieux en rire plutôt qu'être obligé d'en pleurer », et Ionesco est connu pour être un représentant de ce qu'on a appelé tantôt « le théâtre de la dérision », tantôt « le théâtre de l'absurde » (ce sont les titres de deux ouvrages publiés respectivement par E. Jacquart en 1974 et par M. Esslin en 1961).

3. La définition que donne Ionesco du comique n'en a pas moins un caractère péremptoire qui s'accorde avec la brutalité de son théâtre mais qui contraste avec la modalisation* exprimée par « il me semble ». Cette prudence signifie qu'Ionesco ne cherche pas à opposer fondamentalement le

comique au tragique, encore moins à rejeter ce dernier, mais suggérerait plutôt une plus grande efficacité du comique dans la **promotion de l'absurde**.

Cette notion d'« absurde » demande elle aussi réflexion. « Absurde » est à l'origine un adjectif signifiant « dissonant, discordant » et désignant des propos qui ne s'accordent pas avec la logique ou un comportement contraire à la raison. Il a été repris comme substantif au XXe siècle en philosophie, notamment par Camus, pour signifier la privation de sens, ou, selon la formule du *Mythe de Sisyphe*, « cette épaisseur et cette étrangeté du monde » qui le rend incompréhensible. C'est ce dernier sens qu'adopte Ionesco. Mais le sujet ne porte pas seulement sur le théâtre d'Ionesco. Il faut donc prendre en compte l'évolution de l'absurde et, par contrecoup, celle du comique, dans sa définition comme dans sa pratique.

C'est ce travail de mise en perspective qui rend le sujet délicat, mais en constitue aussi l'aspect le plus intéressant, parce qu'il permet de faire appel à des textes variés et de montrer le renouvellement des formes.

4. On a vu que le sujet était porteur d'une double extension : d'un fondement du comique à l'autre (*i.e.* de l'absurde vu par Ionesco à un absurde moins lié à une époque), du comique théâtral au comique non théâtral. On peut partir de là pour **élaborer un plan** qui élargirait le champ de l'étude en même temps qu'il approfondirait la réflexion sur le comique. Dans un premier temps, il faut voir ce que représente le comique par rapport au tragique, pourquoi il peut aller plus loin que lui, et où il puise sa cruauté. Dans un second temps, on s'interrogera sur les diverses formes que peut prendre la relation entre le comique et l'absurde, dans le théâtre et hors du théâtre. Enfin, dans un troisième temps, on se demandera si on peut, ainsi que le fait Ionesco, définir le comique dans une formule unique.

3.2 Comment conduire le développement

1. La comédie : un théâtre de la cruauté

a. Le comique chez Ionesco : un tragique « amélioré »

• L'issue tragique :

Dire que le tragique n'offre pas d'issue, c'est faire référence, d'abord, à la « catastrophe » qui termine normalement la tragédie par la mort, qu'il s'agisse d'une mort physique ou d'un anéantissement moral, d'un renoncement à vivre, comme dans *Bérénice*. Mais cette catastrophe ne fait que concrétiser l'essence de la tragédie, *i.e.* l'affrontement de l'homme à un destin contre lequel il ne peut rien.

Mais si le destin abat l'homme, il représente par là même un pouvoir transcendant qui soumet l'univers à sa loi et manifeste, en châtiant l'homme, l'attention qu'il lui porte. La tragédie postule donc que le monde a un sens ; même si l'homme se trompe sur ce sens, la vie de l'homme y prend elle-même sens en devenant un destin et le face à face avec la transcendance lui donne une dimension héroïque, même si cette démesure (l'*hybris*) est punie (Prométhée). L'homme lutte pour des valeurs auxquelles il va jusqu'à sacrifier sa vie (Antigone). Le dénouement de la tragédie est donc pour le héros une belle sortie.

• L'intuition de l'absurde :
Ionesco, lui, ne croit pas à cette transcendance ni aux valeurs : il vient après le crépuscule des dieux et considère que la vie de l'homme n'a pas plus de sens que l'univers qui l'entoure. C'est cette absurdité, ce néant qui constituent le vrai tragique de la condition humaine, et la tragédie le masque en mettant l'homme sur un piédestal. L'intuition de l'absurde ruine l'éloquence du discours tragique. Mais elle risque à son tour de tourner au discours édifiant. C'est un peu ce qui se produit chez Camus. Son Sisyphe trouve sa grandeur dans la répétition d'un geste qu'il sait absurde et son Caligula se fait pédagogue de l'absurdité du destin en jouant lui-même à être le destin : « J'ai pris le visage bête et incompréhensible des dieux. » Du même coup sa vie prend un sens et la révolte qu'il suscite par sa pédagogie meurtrière en fait une victime sacrificielle.

• Le comique sans issue :
Pour éviter la rechute dans la tragédie, le remède est le comique, *i.e.* le refus de prendre au sérieux le tragique. « Rien n'est si drôle que le malheur » dit un personnage de *Fin de partie*, de S. Beckett, et on en voit deux autres plaisanter sur l'absence de Dieu après une vaine tentative de prière : « Le salaud ! il n'existe pas ! — Pas encore. » Dieu, l'homme et son langage sont emportés dans la même dérision. Le dénuement progressif de l'être humain est ponctué de refrains qui soulèvent le rire : « Il n'y a plus de roues de bicyclette [...] plus de bouillie [...] plus de nature », etc. ; et les personnages soulignent régulièrement l'inanité de leurs propos. Enfin, cette « partie » ne présente qu'un simulacre de fin : les personnages n'arrivent pas à « finir de

perdre », *i.e.* à mourir, ils ne font que jouer le grand départ : le comique de Beckett n'offre pas d'issue.

La « démonstration » de ce pouvoir désespérant du rire est plus explicite chez Beckett, mais le comique chez Ionesco est tout aussi dévastateur : le célèbre dialogue entre M. et Mme Smith, qui ouvre *La Cantatrice chauve* et dont le texte s'inspire d'un manuel d'apprentissage de l'anglais, signe d'emblée, dans la dérision, l'acte de décès de l'intrigue, du personnage et du langage. Dans *Le Retour du tragique*, J.-M. Domenach voit dans *Ubu roi* le texte fondateur de cette forme de théâtre, qu'il appelle « farce métaphysique », et la définit à juste titre comme du « tragique retourné ». Retourné comme un gant, le tragique perd tout prestige, et devient d'autant plus atroce qu'on ne peut le prendre au sérieux.

b. La cruauté de la farce

• Cruauté tragique et cruauté comique :

Il y a certes une cruauté du théâtre tragique. C'est bien à un théâtre de type tragique que pensait l'auteur du « Théâtre de la cruauté », A. Artaud, lorsqu'il écrivait : « Nous ne sommes pas libres. Et le ciel peut encore tomber sur la tête. Et le théâtre est fait pour nous apprendre d'abord cela. » Cette cruauté est celle du destin qui guette l'homme et punit ses prétentions à la surhumanité. Mais le théâtre comique n'est pas en reste, à cette différence près qu'au lieu de regarder vers le haut, il regarde vers le bas. C'est donc du côté de la farce qu'il faudrait chercher la violence du rire comique et peut-être, paradoxalement, sa pureté. En parlant de « farce métaphysique », J.-M. Domenach faisait écho à des propos d'Ionesco lui-même, précédant de peu le texte cité dans l'énoncé : « Pas de comédies de salon, mais la farce, la charge parodique extrême [...] revenir à l'insoutenable. » Et A. Suarès écrivait dès 1920, après avoir vu *Les Fourberies de Scapin* mises en scène par J. Copeau : « Entre toutes les formes, la farce est la plus cruelle. »

Ionesco, en évoquant un retour, Suarès, en se référant à Molière, font de la cruauté comique non pas une invention du « théâtre de l'absurde », mais un caractère ancien, voire originel. La farce est en effet la source du théâtre comique, en France (Moyen Âge) comme à l'étranger (*commedia dell'arte*). Il faudrait donc envisager dans une perspective plus large, à travers cette cruauté, le lien entre absurdité et rire.

• Le corps absurde :
L'absurde, c'est le corps. La tragédie s'attache à minimiser le corps : elle privilégie le discours, et ce discours lui-même marque un effort pour triompher de ce qui manifeste le pouvoir du corps, *i.e.* la passion. La farce, au contraire, c'est le corps qui s'étale. Les personnages sont essentiellement des êtres d'instinct ; la ruse féminine s'oppose à la brutalité masculine, les passions sont très corporelles : le sexe, le manger et surtout le boire. Le scénario brille moins par sa cohérence que par sa grossièreté (histoires de cocuage notamment) et par une violence (coups de bâton au minimum) souvent gratuite (alors qu'elle est expliquée dans la tragédie). On en trouve encore trace dans *Les Fourberies de Scapin* : Géronte, rossé par Scapin, paie en fait pour son fils qui a précédemment menacé Scapin de son épée. Les plaisanteries sont tout aussi grossières. Voici comment un personnage de Tabarin, auteur et acteur du théâtre de la Foire, fait la cour à une femme, malgré son âge : « Je suis robuste et du naturel des poireaux : j'ai la tête blanche, mais la queue verte. » Molière a d'ailleurs peut-être vu ce même Tabarin, dans un de ses gags, émerger d'une fosse d'aisance tandis que son acolyte Mondor se bouchait le nez. Le « Merdre » d'Ubu renoue avec une vieille tradition.

• L'homme-machine :
Cette présence obscène du corps est cruelle en ce qu'elle rabaisse l'homme au niveau de l'animal, *i.e.* de la machine. Les effets comiques des pièces de Molière tiennent souvent de la farce, en ce qu'ils font ressortir le côté mécanique, donc absurde, du comportement humain. Ce sont les figures comiques étudiées par Bergson dans *Le Rire*, comme le « pantin à ficelles » (par exemple, les vieillards manipulés par Scapin) ou le « diable à ressort », *i.e.* le personnage revenant inéluctablement et périodiquement à son idée fixe, comme Géronte dans la fameuse scène de la galère.

• Un spectateur sans pitié :
Mais le comportement insensé des personnages, loin de déclencher la pitié comme dans le théâtre tragique, est précisément ce qui fait rire. La pitié résulte d'une identification. Or la farce repose sur une distanciation*. Elle ne connaît pas l'illusion théâtrale : pas de « quatrième mur », mais des tréteaux d'où les acteurs sollicitent les spectateurs et les convient à participer au jeu de massacre. Cette interaction entre la scène et la salle, Dario Fo a su la recréer dans une récente mise en scène du *Médecin malgré lui* et du *Méde-*

cin volant. La distanciation rend le spectateur insensible aux malheurs du personnage : plus il souffre, plus on rit.

La cruauté du spectateur est d'ailleurs inconsciente ; elle naît du rire, et elle s'exprime sous le manteau du rire : le rire est ce qui lui permet de s'exprimer. Une scène des *Fourberies de Scapin* représente à merveille cette cruauté inconsciente du rire, c'est celle où Zerbinette révèle en s'esclaffant à Géronte, sans savoir que c'est lui, le méchant tour que lui a joué Scapin, et redouble ainsi son humiliation impuissante : c'est la scène la plus comique et la plus cruelle de la pièce.

• La « charge parodique » :
Mais la cruauté farcesque prend encore une autre forme, celle que désigne Ionesco (cf. *supra*) en parlant de « charge parodique ». Cette « charge » est à la fois « caricature » et « attaque impétueuse » (définitions du Robert) visant le théâtre noble que représente la tragédie. Scapin parodie le célèbre « Que vouliez-vous qu'il fît » de Corneille (*Horace*) en reprenant la formule pour expliquer à Argante comment son fils, surpris dans une situation scabreuse (imaginée évidemment par Scapin) avec la jeune fille qu'il aimait par les parents de celle-ci, a été obligé de l'épouser. *Ubu roi* est une parodie* de *Macbeth.* La parodie est ici une des formes du renversement carnavalesque dans lequel M. Bakhtine[2] voit se manifester la poussée iconoclaste de la culture populaire contre celle des clercs.

2. Autres valeurs du comique de l'absurbe

a. D'un absurde à l'autre

Mais si la référence à la farce et à Molière permet de faire apparaître une continuité dans le théâtre comique, elle ne doit pas masquer les différences. Ni la farce traditionnelle ni Molière ne se proposent de dévoiler l'absurdité fondamentale de l'existence.

L'absurdité de la farce est une absurdité primaire, non réflexive : celle de l'instinct qui se débonde. Dans le « théâtre de l'absurde », au contraire, la cruauté et la grossièreté ne figurent que pour dénoncer les illusions d'un humanisme qui a prétendu donner à l'homme la maîtrise du monde et de soi.

---

2. In *L'Œuvre de F. Rabelais et la culture populaire au Moyen Âge et sous la Renaissance*, Gallimard, 1970.

Molière, sans la renier, prend ses distances avec la grossièreté de la farce, tout en relativisant l'absurde. Celui-ci ne concerne plus que certains personnages : les ridicules. Même s'il se manifeste dans son apparence (le costume que se fait faire M. Jourdain ou celui des petits marquis), le comique du personnage ridicule ne met pas en cause le grotesque du corps, mais une déviation, un manque de raison dans le comportement social, par exemple la prétention d'un bourgeois à passer pour gentilhomme. L'« absurdité » ne porte donc que sur un point très particulier (en dehors duquel le personnage lui-même réagit normalement) et le sens du monde n'est pas remis en cause. Au contraire, c'est parce qu'ils s'accordent sur un sens que les autres personnages, ainsi que le spectateur, se moquent de l'insensé.

C'est le rire tel que l'analyse Bergson : un geste social réprimant les excentricités, dénonçant les conduites figées dans un automatisme néfaste à la souplesse des relations humaines. L'auteur fustige l'excentricité parce qu'il espère y remédier, selon la vieille formule : *castigat ridendo mores.* Le spectateur rit d'un défaut dont il se sent exempt. Ce rire n'est guère désespérant ; il entre plutôt dans le cadre rassurant d'une normalisation.

b. Le comique de l'absurde hors du théâtre

Molière est aussi celui qui élargit la palette du théâtre comique et il utilise des procédés qui serviront, en dehors du théâtre, à faire rire de l'absurde. Nous avons cité plus haut la **parodie***. C'est en parodiant une formule de la philosophie leibnizienne (« Tout est pour le mieux dans le meilleur des mondes possibles. ») que Voltaire transforme une pensée cohérente du déterminisme en une assertion absurde sans cesse contredite par les faits.

La parodie touche ici à **l'ironie*** : c'est en donnant la parole à Pangloss que Voltaire fait ressortir l'insanité de sa philosophie. L'ironie voltairienne sert à démontrer l'absurdité de l'existence, au même titre que le décousu et l'invraisemblance du récit, qui parodie les rebondissements et les coïncidences du roman d'aventures romanesques.

L'humour complète l'ironie, par le contraste qu'il institue entre la réalité représentée et le ton adopté pour en parler. Ainsi l'humour noir décrit avec détachement, voire plaisamment, l'horreur et l'incohérence de l'existence. On pourrait évidemment citer encore *Candide* et le récit de carnage s'ouvrant par la fameuse phrase : « Rien n'était si beau, si leste, si brillant, si **bien ordonné** que les deux armées. » Mais on trouve un humour encore plus ravageur chez Lautréamont, parce qu'il ne se contente pas de souligner la cruauté ou l'horreur d'un personnage ou d'une situation, mais dénonce la vanité de la littérature. Ainsi, rapportant un cauchemar (mais est-ce un simple cauchemar ?) de Maldoror agressé pendant son sommeil par une gigantesque araignée, Lautréamont écrit : « Elle m'étreint la gorge avec les pattes, et me suce le sang avec son ventre. Tout simplement ! Combien de litres d'une liqueur pourprée, dont vous n'ignorez pas le nom, n'a-t-elle pas bus depuis qu'elle accomplit le même manège avec une persistance digne d'une meilleure cause ! » Au détachement de la victime, allant jusqu'à se pencher avec sollicitude sur les efforts de son bourreau, s'ajoute ici la moquerie du narrateur par rapport à l'excès de sa propre rhétorique.

Après ce tour d'horizon assez large des formes que peut prendre le comique de l'absurde, il faut se demander si on peut englober ces formes diverses dans une même définition et si le comique est forcément lié au sentiment de l'absurde.

3. La nature du comique

a. Une définition globale ?

La définition que propose Bergson nous est apparue un peu limitée. Elle convient surtout au théâtre classique. S'il n'est qu'une sanction sociale, le rire donne au spectateur une position peut-être un peu trop confortable et risque de devenir conformiste. Baudelaire en donne une définition plus ambiguë en disant qu'« il est dans l'homme la conséquence de l'idée de sa propre supériorité » (*L'Essence du rire*) : on peut comprendre que celui qui rit a conscience d'être supérieur, ou qu'il a l'illusion de l'être. Baudelaire parie plutôt, quant à lui, pour l'illusion, mais sa définition reste assez floue.

La **perspective freudienne** (adoptée par Ch. Mauron, notamment dans sa *Psychocritique du genre comique*) donne des éléments plus précis : le rire, comme le jeu, participe à un processus d'adaptation consistant à faire revivre un « je » infantile livré à ses angoisses pour mieux prendre ses distances par rapport à lui et maîtriser celles-ci. Ainsi l'enfant rit pour exorciser sa peur. Le rire a donc un caractère régressif qui se manifeste notamment dans « l'esprit tendancieux », grossier et agressif.

Cette conception, plus complexe, rend compte de la double composante du rire, à la fois pulsion violente et distanciation lucide, et des formes qu'il peut prendre, tantôt primaires (la farce) tantôt sophistiquées (l'humour, l'ironie). Elle permet de définir une double catharsis* comique, analogue à la catharsis tragique définie par Nietzsche dans *La Naissance de la tragédie* : une catharsis dionysiaque faite de participation affective, d'émotion portée au paroxysme (la convulsion du rire), et une catharsis apollinienne, faite de détachement critique. Le rieur réactive une pulsion, mais en même temps cesse d'être dominé par elle.

Le rire perd ainsi la dimension orgueilleuse que lui reprochait Baudelaire car, en riant du personnage comique, c'est de soi que l'on rit. Mais, devenu plus modeste, il n'en est pas pour autant désespérant puisqu'il semble être la découverte d'une issue par la conquête d'une maîtrise.

b. L'autre face du comique

Il faudrait ajouter qu'à côté de l'« esprit tendancieux », Freud parle aussi d'un « esprit inoffensif » moins virulent et caractérisé plutôt par l'extravagance. Il y a là un aspect du rire qu'il ne faudrait pas oublier. L'absurde cesse alors d'être perçu comme un constat décourageant, mais devient une façon de se libérer des contraintes de la raison ou de ce que Freud appelle le « principe de réalité ». Molière en offre l'exemple dans ses dernières comédies-ballets. Comme l'a montré G. Defaux[3], il cesse de s'attacher à la tâche traditionnelle de l'auteur comique : corriger les hommes de leur folie, et, considérant que c'est impossible, il choisit de jouer avec cette folie et de créer un univers à sa démesure ; c'est l'intronisation de M. Jourdain devenu mamamouchi ou la réception d'Argan dans l'ordre des médecins, images d'un théâtre devenu festif qui profite de la folie d'un homme pour se payer lui-même une pinte de folie.

Ce rire s'inscrit aussi dans une tradition à la fois populaire, celle de la Fête des fous, et humaniste, celle de *L'Éloge de la folie*, d'Érasme. Les fantaisies gigantesques de Rabelais prennent le relais des fatrasies médiévales. Mais contrairement à l'absurdité d'un M. Jourdain, dont il n'y a rien à espérer et qui est définitivement cataloguée comme telle (Covielle conclut à son propos : « Si l'on en peut voir un plus fou, je l'irai dire à Rome »), celle que Rabelais désigne dans les figures grotesques de Socrate, Silène ou Diogène est un masque de la sagesse. Au rire tendancieux d'un Panurge, spécialiste des farces cruelles, comme celle dont est victime un Chiquanous, s'oppose le rire innocent, mais non impuissant d'un Pantagruel : il est engendré par

3. In *Molière ou les métamorphoses du comique*.

l'euphorie de l'ivresse qui symbolise, au même titre que le gigantisme, l'expansion vitale et qui signifie, à travers l'oracle de la Dive Bouteille, qu'il n'est pas de sagesse sans un grain de folie.

Conclusion

La définition d'Ionesco n'en garde pas moins tout son mérite : elle montre à quelle source amère peut s'abreuver le comique (on dit volontiers que les grands comiques sont de grands mélancoliques et l'humour est surtout noir) et de quelle violence il est capable. Mais sa richesse se marque à son ambivalence. Quand J. Tardieu déforme le langage, appelle un piano « crocodile » ou une concierge « poterne », il se souvient de la période tragique de son adolescence où il avait éprouvé conjointement « la perte du moi et la perte du sens des mots » et montre à l'homme que ce qu'on peut appeler sa plus noble conquête, le langage, peut lui échapper. Mais cette folie linguistique est en même temps une euphorie libératrice et une façon de manifester sa créativité. C'est ainsi que la jeune fille des *Mots inutiles*[4] accompagne son refus provocant d'un prétendant falot d'une rafale de mots aberrants dont le dernier pourrait être l'étendard d'un langage redevenu nomade : « Ce mouchoir, ce tartiné ! Celui que j'aime est un Asdrubal, tout en galoches, avec des lotus plein les poches. [...] Je vais le retrouver de ce pas ! (*Presque crié* :) Fulgure ! Astrale ! Vertébré ! Atlantique ! Éperon ! (*À tue-tête* :) Ca-ra-van-sé-rail ! »

Références bibliographiques

ARTAUD Antonin, *Le Théâtre et son double*, coll. « Idées/Gallimard ».

BERGSON Henri, *Le Rire*, Quadrige/PUF, (7e éd.), 1993.

DEFAUX Gérard, *Molière ou les métamorphoses du comique*, éd. Klincksieck, 1986.

DOMENACH Jean-Marie, *Le Retour du tragique*, coll. « Points/Seuil », 1973.

FREUD Sigmund, *Le Mot d'esprit et ses rapports avec l'inconscient*, coll. « Idées/Gallimard ».

IONESCO Eugène, *Notes et contre-notes*, Gallimard, 1970, repris en coll. « Folio/Essais ».

JARDON Denise, *Du comique dans le texte littéraire*, De Bœck-Duculot, 1988.

MAURON Charles, *Psychocritique du genre comique*, José Corti, (3e éd.), 1985.

4. In *La Comédie du langage*, Gallimard, coll. « Folio ».

4. Sujet 4 : La difficulté d'être poète

En quoi ce vers emprunté au « Poète contumace » peut-il définir la poésie de Corbière dans *Les Amours jaunes* : « C'est bien moi, je suis là — mais comme une rature » ?

4.1 Analyse de l'énoncé

Le type de sujet

Le sujet comporte donc une citation courte et « retourne » contre l'entreprise poétique de Corbière un vers extrait de son œuvre. Ce type de sujet n'est pas rare : on peut aussi appliquer à *Jacques le Fataliste* les propos que, dans le roman, l'« auteur » met dans la bouche de son « lecteur », ou faire porter sur *À rebours* une opinion de son héros des Esseintes. Il y a là un jeu qui ne doit pas désarçonner, si l'on est attentif à l'instance d'énonciation. Certes le jugement n'a pas la même portée que celui d'un critique, nécessairement « extérieur », mais il ne faut pas pour autant l'attribuer systématiquement à l'auteur, ici Corbière, Diderot ou Huysmans ; des médiations, des masques sont possibles qui autorisent toutes les distances, et peuvent aller jusqu'à l'ironie*. Et quand bien même le jugement pourrait être attribué à l'auteur, il n'est peut-être pas le plus qualifié pour parler de son œuvre, comme le suggérait Valéry (dans « Au sujet du "Cimetière marin" ») avant la « nouvelle critique ».

L'énonciation

Isolé, le vers frappe par son caractère formulaire. Le ton est celui de la définition, comme l'indiquent le présentatif placé en tête de vers et l'effort de précision qu'implique la rétractation : « mais comme une rature ».

Mais cette définition, dans le premier hémistiche du moins, est entièrement tautologique : « je » est « je » (Rimbaud n'est pas encore passé par là, apparemment !) et ne saurait être « ailleurs ». La concision et la redondance renforcent l'absence de valeur référentielle de cet hémistiche ; c'est donc la fonction expressive* qui domine ici. C'est moins une définition qu'un cri.

Le contexte

Qui donc est ce « je » qui cherche à s'affirmer dans le premier hémistiche ?

Et à qui s'adresse-t-il ? Il importe de se reporter au texte « Le poète contumace ». Ce long poème clôt la partie « Les amours jaunes », qui porte le même titre que l'ensemble du recueil. Il se compose d'une « lettre » (« Et — manque de savoir-mourir — il écrivait ») d'où est extrait le vers proposé, et d'une longue introduction. Celle-ci évoque l'auteur de cette lettre, ce « Poète sauvage, avec un plomb dans l'aile, » soit à travers les regards portés sur lui par « le curé », « le maire », « les femmes », jugements essentiellement dépréciatifs, soit par l'énonciateur même du poème, qui demeure anonyme (aucun « je » ne marque sa présence) et qui vient corriger cette première image (« Lui, c'était simplement un long flâneur, sec, pâle ») ou qui s'adresse à ce poète : « N'apparais pas, mon vieux, triste et faux déterré. » Si cet énonciateur s'efface le temps de la lettre, il lui revient de conclure brièvement : « Il regarda sa lettre/Rit et la déchira. »

Bien sûr, tout invite à identifier les deux énonciateurs. La forme poétique si caractéristique rapproche les deux parties du poème, de même qu'un grand nombre de détails référentiels qui qualifient par ailleurs le « je » des *Amours jaunes* : la quête de l'amour, la situation « sur la côte d'Armor », le hamac ou l'insomnie.

Dans cette lettre, ce « je » se présente d'abord sous la forme d'un fantôme (« Je ne suis qu'un gâteux revenant ») incertain de son état entre la vie et la mort (« Oui, j'ai beau me palper : c'est moi ! ») et le vers à commenter marque la fin de cette incertitude (« La chose est sûre »). Ainsi s'expliquent les effets d'insistance : la redondance du présentatif « c'est moi » et de l'affirmation « je suis », l'emploi de l'intensif « bien » et la place des accents sur « moi » et « là ».

Mais le sens de ce vers ne naît-il pas de cette ambiguïté, de ce dédoublement, thème si cher aux romantiques (on pense à la « nuit de décembre » de Musset) qui est ici, à la lettre, raturé ?

Analyse détaillée

Cette affirmation de son identité, après un doute, contraste bien évidemment avec le second hémistiche, comme l'indique déjà visuellement l'emploi du tiret qui brise la phrase, souligne la césure et redouble le sens du « mais ». À l'affirmation de soi s'oppose donc la négation que comporte l'idée de rature, qui est à la rime mise en rapport avec « chose sûre ».

Il convient toutefois de bien saisir la valeur de ce dernier terme, le seul à définir, autrement que par une tautologie, le « je ». D'abord la rature évoque, pour un XIXe siècle soucieux de calligraphie, la tache qui souille un manuscrit (l'écrivain ne saurait, comme le peintre, masquer habilement ses repentirs !). Elle met en avant la valeur graphique du texte, à laquelle Corbière est sensible par l'usage qu'il fait des espaces, des décrochements, de la ponctuation et des capitales. Phoniquement (car, en fait, les deux mots n'ont aucune parenté étymologique), elle renvoie au « ratage » qu'elle entend corriger. Joue ici l'intertextualité* interne, avec les deux vers qui terminent « Épitaphe » :

> « Ci-gît, — cœur sans cœur, mal planté,
> Trop réussi — comme *raté*. »

On pourrait aussi la lire, tant la langue de Corbière joue avec les mots, comme une « féminisation » de ce « ratage » : la quête d'identité prendrait alors le sens d'une interrogation sur son propre sexe. Enfin on peut retrouver dans ce mot le suffixe « -ure », péjoratif en argot (cf. « roulure »). La « rature », ce serait alors la réécriture (donc la rature) de « raté(e) ».

Mais la rature est ambivalente. Elle marque un désir d'amélioration, la conscience d'un défaut surmonté. En ce sens elle est positive. Cette ambivalence est accentuée par l'emploi de ce terme comme comparant : le modalisateur « comme » réintroduit une subjectivité, celle-là même qui se cherchait, et maintenant se nie.

Enfin le premier mot « C' » peut être lu en référence au titre de la première partie du recueil (« Ça ») et de son premier poème (« Ça ? ») qui, lui aussi, cherche à définir, mais à travers une première approche qui est nettement dépréciative, comme le suggère l'emploi familier de « ça » pour « cela ». Alors, le lecteur d'aujourd'hui ne peut manquer d'entendre dans le « c'est moi » réécrit « ça est moi » la formule de Freud définissant, dans la seconde topique*, le processus de constitution du sujet : « *Wo Es war, soll Ich werden* » (« là où était le Ça doit advenir le Moi »). Loin d'être « un autre », voici le Je renvoyé à son fondement biologique !

4.2 Constitution de la problématique

L'analyse de l'énoncé fait donc apparaître sa complexité, alors même que sa brièveté se voudrait lapidaire : doute sur l'énonciateur « masqué », ambivalence d'une définition qui pose d'abord une identité pour apparemment la nier, mais d'un mot (« rature ») que le contexte et le jeu des associations enrichissent de significations contradictoires. Mais cette ambiguïté passe par la spécificité même du langage poétique en tant qu'il privilégie les connotations (le « principe d'équivalence* ») sur les dénotations.

On a compris que c'est cette ambiguïté même qui sera au cœur de la problématique. En quoi l'œuvre poétique de Corbière, dans son projet comme dans ses moyens, est-elle marquée par cette ambiguïté ? Mais aussi comment la poésie se nourrit-elle de cette ambiguïté même, parvient peut-être à la surmonter, dépassant les angoisses d'une aventure personnelle, un peu trop exhibée pour être crédible et pitoyable, pour trouver, dans un usage particulier de la langue poétique, à la fois une identité et un rayonnement ?

4.3 Élaboration d'un plan détaillé

Pour établir le plan développant cette problématique, on peut s'appuyer sur le dynamisme du vers cité et sur la contradiction qui le sous-tend : la quête de soi et le constat de son échec, la revendication de cette négation qui permet, finalement, une authentique affirmation de soi comme poète. Un tel plan mêle une approche thématique et une étude des procédés formels pour aboutir à une définition de la poésie des *Amours jaunes*.

Voici le plan détaillé, les références correspondent à l'édition Poésie/Gallimard.

1. Une quête lyrique

• En dépit d'une présence de thèmes extérieurs : la Bretagne (« Armor »), l'Italie (« À l'Etna »), le Paris « canaille » (« À une Rose »), le titre du recueil annonce déjà une tonalité lyrique.

• Thème de la solitude des êtres déclassés (« À la mémoire de Zulma », « Le bossu Bitor »), mais aussi du poète sourd (« Je suis là, mais absent », p. 100), du « paria » (« À moi ? toujours seul ? », p. 127).

• Thème de la violence du désir : le lupanar du « Bossu Bitor », les exclamations suggestives de « À l'éternel Madame ».

• L'amour prend souvent une tonalité sadomasochiste (« À ma jument souris », « À la douce amie ») :

« Je mordrai les roquets, elle me mordrait, Elle !...
Et j'aurai le collier portant Son petit nom » (p. 40).

• Faute de se satisfaire autrement que par des fantasmes, il conduit à une haine de la femme (« À l'éternel Madame » et « Éternel féminin de l'éternel Jocrisse » (p. 34) :

« Double femme, va !... Qu'un âne te braie !
Si tu n'étais pas fausse, eh serais-tu vraie ?...
L'amour est un duel : — Bien touché ! Merci » (p. 62).

À l'incompréhension fondamentale entre l'homme et la femme :

« Du jeune homme rêveur Singulier Féminin !
De la femme rêvant pluriel masculin ! » (p. 107).

D'où le titre « Amours *jaunes* » :

« À moi tout seul je fris,
Drôle, en ma sauce jaune
De *chic* et de mépris » (p. 34).

2. La revendication de l'échec

• Le refus de « plangorer » :

« Sommeil ! — long corridor où plangore le vent ! » (p. 107).

va jusqu'à l'exhibition de la souffrance (« Le crapaud ») et à la revendication de la solitude :

« Je ne connais pas mon semblable ;
Moi, je suis ce que je me fais.
– *Le Moi humain est haïssable...* » (p. 129).

• Le refus de l'exotisme consolateur (« Vésuves et Cie ») ou du lyrisme romantique (« Le fils de Lamartine et Graziella »)

« Ravalant ta rate rentrée,
Va, comme le pélican blanc,
En écorchant le chant du cygne,
Bec-jaune te percer le flanc !... » (p. 27).

• La revendication constante de l'échec poétique (« Décourageux » : « Ce fut un vrai poète : Il n'avait pas de chant »).

• La négation des formes poétiques :
– parodie* : réécriture d'« *Oceano nox* » dans « La fin » ;

– sonnet inversé : « Le crapaud » ;
– « I sonnet... » et le lyrisme « mécanique » de « À une demoiselle ».
Négation de l'« Art » (« L'Art ne me connaît pas. Je ne connais pas l'Art », p. 22).

3. La poésie de la négation

(« Poète, en dépit de ses vers », p. 29.)

• Le théâtre comme apothéose de l'illusion :

> « Va : tréteaux, lupanars, églises,
> Cour des miracles, cour d'assises :
> – Quarts d'heure d'immortalité !
>
> Tu parais ! c'est l'apothéose !!! ...
> Et l'on te jette quelque chose :
> – Fleur en papier, ou saleté – » (p. 26).

car l'artificiel l'emporte sur le naturel (« Vésuves et Cie »)

• La « blague » (« Méphisto blagueur », p. 27)
« Ses vers faux furent les seuls vrais » p. 29, comme moyen d'accéder à une vérité :

> « Ne fut *quelqu'un*, ni quelque chose
> Son naturel était la *pose*.
> Pas poseur, — posant pour *l'unique* ;
> Trop naïf, étant trop cynique ;
> Ne croyant à rien, croyant tout.
> — Son goût était dans le dégoût » (p. 30).

• Cette union de l'affirmation et de la négation permet de créer des images libérées de toute nécessité : l'« écriture automatique » de « Litanie du sommeil ».

• C'est aussi la libération des possibilités d'expression du langage par :
– l'humour (« Une coquille d'huître en rupture de banc », p. 67, et « Le petit mort pour rire », p. 110 et p. 203) ;
– les audaces formelles (alexandrin « désarticulé », emploi expressif de la ponctuation qui permet la polyphonie).
Modernité de l'écriture poétique de Corbière.

5. Sujet 5 : Le langage poétique

« Florence est ville et fleur et femme, elle est ville-fleur et ville-femme et fille-fleur tout à la fois. Et l'étrange objet qui paraît ainsi possède la liquidité du *fleuve*, la douce ardeur fauve de l'*or* et, pour finir, s'abandonne avec *décence* et prolonge indéfiniment par l'affaiblissement continu de l'*e* muet son épanouissement plein de réserves. À cela s'ajoute l'effort insidieux de la biographie. Pour moi, Florence est aussi une certaine femme, une actrice américaine qui jouait dans les films muets de mon enfance et dont j'ai tout oublié, sauf qu'elle était longue comme un long gant de bal et toujours un peu lasse et toujours chaste, et toujours mariée et incomprise, et que je l'aimais, et qu'elle s'appelait Florence. Car le mot qui arrache le prosateur à lui-même et le jette au milieu du monde, renvoie au poète, comme un miroir, sa propre image. »

Cette analyse de Sartre vous paraît-elle définir de façon satisfaisante le langage poétique ?

5.1 Analyse de l'énoncé

1. La nature de l'énoncé

a. Surprenant

1. L'énoncé est tiré de *Qu'est-ce que la littérature ?*, *i.e.* d'un ouvrage théorique. Mais, de façon surprenante, il ne dévoile qu'à la fin son enjeu théorique : définir la différence entre poésie et prose, plus précisément la nature de la relation qui s'établit entre le poète, les mots et les choses. Sa majeure partie est constituée par une « définition » de Florence.
2. « Définition » elle-même surprenante (d'où les guillemets) par son caractère poétique. L'articulation de la citation indique elle-même que Sartre s'est ici exceptionnellement mué en poète : le « car » de la ligne 11 assimile le « poète » de la ligne 13 au « moi » de la ligne 7. Le philosophe ne se manifeste que dans la dernière phrase.

b. Ambigu

1. L'articulation de la ligne 7 mérite aussi examen. Elle introduit explicitement une dimension subjective dans la définition, présentée au début

comme objective. Elle s'appuie d'abord, en effet, comme on le verra, sur les constituants du signifié et du signifiant du nom « Florence », tels qu'on les trouve dans un dictionnaire, tandis que la « Florence » évoquée ensuite n'apparaît que comme une association personnelle. Mais cette « Florence » aussi a existé objectivement (encore que Sartre ne l'ait jamais vue que sous la forme d'une image cinématographique), et, à l'inverse, l'objectivité de la définition initiale est de plus en plus manifestement teintée de subjectivité.
2. L'expression « pour moi [...] aussi » est donc ambiguë : elle semble annoncer l'adjonction de considérations personnelles à une analyse objective (« pour moi » s'opposant à un « pour tout le monde » implicite) ; mais elle peut aussi être l'aveu à retardement du caractère globalement subjectif de la définition. C'est en ce sens que la formule générale concluant la citation renverrait à l'ensemble de ce qui la précède.
3. Cette ambiguïté est sans doute volontaire : elle contribue à manifester la confusion entre objet et sujet qui caractérise, entre autres, le langage poétique. Plus généralement, on observe dans le propos de Sartre un effet de « miroir » répercuté par la comparaison finale : entre les trois parties de la citation, outre le rapport de combinaison, de succession logique, souligné par les particules « aussi » et « car », il y a une relation d'équivalence (cf. la définition de la fonction poétique* du langage donnée par R. Jakobson dans « Linguistique et poétique »), *i.e.* trois façons à la fois semblables et différentes d'approcher la complexité (le mystère ?) du mot poétique. La « Florence » initiale qui « s'abandonne avec *décence* » ressemble à « l'actrice [...] chaste » qui lui succède, et l'adéquation entre la définition de Florence et la conclusion abrupte qui en est tirée n'est pas sans poser problème (doit-on à ce titre considérer l'analyse de Sartre comme insatisfaisante à cause du flou qu'elle comporte, ou comme « satisfaisante », en tant que conforme à son objet ?). Il y a donc lieu d'analyser séparément les trois parties de la citation, mais sans perdre cette comparaison de vue.

2. Le référent de l'énoncé

a. Le mot poétique

D'emblée, Sartre montre deux différences essentielles entre le langage de la prose et le langage poétique. Le premier est discriminatif : il n'emploie le mot que dans un seul sens à la fois, dans un souci de précision et de clarté, et ne s'intéresse qu'au signifié (on dit qu'il est transparent, en ce sens que la matière du mot s'efface derrière le sens qu'il véhicule). Le second, au contraire, mobilise « tout à la fois » non seulement les différents signifiés du mot, mais, en même temps, le signifié (en un sens élargi d'ailleurs) et le signifiant. Ainsi, Florence est à la fois « ville » d'Italie, « femme » en tant que prénom, et « fleur » pour une raison plus indirecte quoique assez évidente : l'étymologie du nom, qu'on retrouve d'ailleurs dans les sonorités du mot, ainsi que dans le lys martagon qui constitue l'emblème de la ville, ou dans le nom de sa cathédrale : « Notre-Dame des Fleurs ». Loin de chercher à distinguer ces trois « Florence », Sartre les unit par couples en soulignant l'allitération ; le troisième couple scelle ce rapprochement : dans « fille » on retrouve le signifiant de « ville » (c'est une paronomase*) et le signifié de « femme ».

b. L'objet poétique

1. Cette « fille-fleur » institue en même temps une dérive, en faisant intervenir dans la définition une association puisée dans la culture de Sartre et elle-même équivoque : on peut penser aux filles-fleurs du *Parsifal* de Wagner ou, plus probablement, aux « jeunes filles en fleurs » de Proust (la rêverie de Sartre sur le nom de Florence se souvient sans doute de la célèbre rêverie sur les noms — celui de Florence en fait partie — qui se trouve dans la dernière partie de *Du côté de chez Swann*). Cette dérive s'amplifie dans la seconde phrase : c'est du signifiant que Sartre dégage le sens du mot, allant à l'encontre des enseignements de la linguistique qui postule l'arbitraire du signifiant. Décomposé, le mot de départ fournit trois nouveaux mots dont les guillemets signalent l'origine et qui enrichissent le sens du mot initial. Même l'e muet se met à parler et à dévoiler la complexité de Florence. Le poète réactive ici la croyance médiévale selon laquelle le sens du mot était caché dans le mot lui-même (*cadaver* venait par exemple de *caro data vermibus* ; autrement dit, le cadavre, c'était la chair donnée aux vers). On retrouve une démarche semblable, non sans une certaine dose d'humour, dans le *Glossaire* de M. Leiris (cité d'ailleurs un peu plus loin par Sartre) qui donne par exemple du mot « cratère » la définition suivante : « il crache la terre ».

2. Cette complexité, c'est plus précisément l'union des contraires qui permet à Florence de représenter à la fois la ville et la nature (« fleur »), la maturité (« femme ») et la jeunesse (« fille »), l'eau et le feu (« ardeur ») — et cette « ardeur » est elle-même à la fois « douce » et « fauve » —, de « s'aban-

donne[r] », mais « avec décence », de connaître un « épanouissement plein de réserves ». Tout cela fait de Florence un « étrange objet » (comme le disait déjà Baudelaire, « le beau est toujours bizarre ») ; d'autant plus étrange qu'il est perçu moins comme un objet que comme un être.

3. Le style de l'énoncé : une écriture poétique

a. Une « sorcellerie évocatoire »

1. Ce glissement et cette étrangeté sont marqués par certaines particularités stylistiques. En s'abstenant d'écrire « Florence est **une** ville », Sartre suggère d'emblée que le verbe « être » n'est pas ici une simple copule. La personnification insistante de la seconde phrase accentue ce sentiment. C'est même un être qui semble venir d'un autre monde : évoqué en quelque sorte par son nom, il « paraît » mais ne se livre pas tout entier.
2. Cette fonction évocatoire se manifeste dans un autre élément poétique du discours de Sartre : le **rythme**, qui rappelle la vieille fonction incantatoire de la poésie et s'ajoute au travail des sonorités. Ainsi la première phrase se décompose approximativement (à cause des e muets) en trois octosyllabes, le rythme étant accentué par la présence de « et » d'insistance.

b. Une écriture du désir

Ces « et » répétés indiquent aussi, et encore plus dans la deuxième partie de l'analyse, le caractère inépuisable de l'objet, et par conséquent de sa quête, qui, partie du nom, vient buter sur le rappel du nom. En se prolongeant (répétition de nasales : « longue [...] long gant », redoublement d'adjectifs), la quatrième phrase développe l'image d'une femme d'autant plus désirable qu'elle est lointaine, inaccessible. Sur ce point aussi, le langage de la poésie s'oppose à celui de la prose. La prose permet à l'homme d'avoir prise sur un monde d'objets en transformant les choses en concepts ; la poésie voudrait accéder à l'être des choses : sa quête est violemment affective et sa réussite improbable, car le langage n'est pas fait pour cela. La poésie est donc le langage du désir, ou, comme le dit R. Char, « la poésie est l'amour réalisé du désir demeuré désir ».

4. La poésie : une écriture narcissique ?

a. La thèse de Sartre

1. C'est dans cette perpective que peut se comprendre « l'effort insidieux de la biographie ». D'une façon légèrement impropre (mais Sartre parle ici en

poète et Verlaine conseillait au poète de « n'aller point/Choisir [ses] mots sans quelque méprise »), le mot « biographie » semble désigner ici l'existence passée en tant qu'elle est inscrite dans l'individu et qu'elle le détermine, qu'elle accentue la subjectivité du langage poétique pour en faire une forme de narcissisme, d'incapacité à atteindre l'objet auquel on substitue le produit de son imagination.
2. Le mythe de Narcisse est ici évoqué par la comparaison avec le miroir. De même que Narcisse regardait l'eau et n'y voyait que « sa propre image », le poète croit que le mot lui révèle l'être, mais y trahit seulement ses propres fantasmes. Ce narcissisme qui menace l'écrivain (pas seulement le poète), Sartre est bien placé pour en parler : il montrera plus tard dans *Les Mots* à quel point il en a été victime. Proust l'avait déjà mis en évidence, en montrant la désillusion de son héros quand il se trouvait confronté réellement aux lieux dont les noms l'avaient fait rêver. Implicitement, et conformément à la ligne de conduite qui a fait de lui un écrivain engagé ayant par conséquent opté pour la prose, Sartre semble donc ici ne s'être livré au langage poétique (ou l'avoir mimé) que pour mieux prendre ses distances avec lui. Malgré le plaisir que l'on éprouve à lire ce morceau d'anthologie que constitue sa « rêverie » sur Florence, doit-on considérer comme satisfaisant l'ensemble de sa définition ?

b. Discussion
1. Le mot poétique a en commun avec le miroir l'absence de transparence : au lieu d'aller directement au signifié, le lecteur bute sur l'obstacle du signifiant qui joue le rôle du tain dans le miroir. On peut donc qualifier le langage poétique d'intransitif. À l'isolement du poète correspond l'isolement du mot qui caractérise, d'après Barthes (*Le Degré zéro de l'écriture*), la poésie moderne : cessant d'être intégré à un discours cohérent, il devient « un objet absolu » qui « se dresse tout d'un coup, empli de tous ses possibles ». C'est bien ainsi que surgit le mot Florence sous la plume de Sartre.
2. Mais est-il un miroir pour le seul lecteur ? et les « possibles » que découvre Sartre dans le mot « Florence » sont-ils des fantasmes impossibles à partager ? On peut mettre en doute la validité de la dichotomie instaurée par Sartre entre la poésie et la prose et se demander si elle n'est pas la manifestation de son propre narcissime refoulé. Que la poésie soit le genre privilégié de l'expression de l'intimité de l'auteur (cf. sujet sur le lyrisme, chapitre

1, p. 21) — mais pas le seul (cf., p. 98, sujet 6) — n'empêche pas qu'elle constitue une caisse de résonance pour l'intimité du lecteur. Hugo dit bien dans la préface des *Contemplations* : « Quand je vous parle de moi, je vous parle de vous. » Et Rimbaud, un peu plus tard, ouvre la voie à une poésie « objective » (cf. chapitre 1, p. 21). D'ailleurs, le regard jeté dans un miroir est-il forcément un regard de complaisance ? Inversement, si le langage du prosateur est transitif, faut-il pour autant qu'il l'« arrache à lui-même » ? À vouloir se fuir dans la prose, Sartre a souvent montré à quel point il était prisonnier de lui-même : ainsi, à travers Baudelaire, Genet ou Flaubert, il a longuement parlé de lui.

5.2 Élaboration de la dissertation

À sa longueur, à sa complexité, la citation proposée ajoute un caractère particulier : elle joint la démonstration à l'analyse. Comme nous l'avons vu, elle ne se contente pas de définir abstraitement le langage poétique, mais le met en œuvre. On peut ainsi l'opposer à cette autre définition que donne Sartre du langage poétique dans *Orphée noir* : « La poésie est une tentative incantatoire pour suggérer l'être dans et par la disparition vibratoire du mot : en renchérissant sur son impuissance verbale, en rendant les mots fous, le poète nous fait soupçonner, au-delà de ce tohu-bohu qui s'annule de lui-même, d'énormes densités silencieuses ; puisque nous ne pouvons pas nous taire, *il faut faire du silence avec le langage.* » Indépendamment de la différence du propos (il s'agit plus spécifiquement de la poésie moderne et de ses pouvoirs), on a affaire ici à une définition conceptuelle, une définition de philosophe. Dans l'énoncé proposé, au contraire, on trouve non seulement les idées, mais les preuves par l'exemple, une pensée qui ne se développe pas seulement selon une progression cohérente, mais qui se manifeste par une série d'échos. L'analyse de l'énoncé doit rendre compte de cette double structure, ce qui implique une attention et un effort d'organisation particuliers, et en fait un cas limite où la dissertation se rapproche du commentaire composé.

C'est pourquoi l'analyse de l'énoncé a été mise en forme de manière à constituer un plan possible pour la dissertation, que nous avons complété en indiquant à la fin les éléments d'une discussion. Pour l'essentiel, c'est un plan par approfondissement, mais il comporte aussi une composante dialectique dans les réponses qu'il donne successivement à la question posée. La définition donnée par Sartre ne semble pas satisfaisante en ce qu'elle comporte du flou et de l'ambiguïté (cf. 1 b). Mais ces défauts deviennent des qualités si on considère qu'ils donnent un caractère poétique à la définition elle-même et miment « l'insatisfaction essentielle » (Rimbaud, « Conte », in *Illuminations*) du langage poétique (cf. 3 b). Mais Sartre se départ à la fin de ce mimétisme pour regarder à distance, de l'extérieur, le langage poétique et il semble alors le juger insatisfaisant parce que narcissique (cf. 4 a). Mais (dernier retournement) on peut ne pas se contenter de cette interprétation négative donnée par Sartre de l'insatisfaction poétique (cf. 4 b).

N.B. La multiplication de ces retournements est une façon d'essayer de ne pas être en reste avec la subtilité de la pensée de Sartre.

Repères bibliographiques

BARTHES Roland, *Le Degré zéro de l'écriture*, Seuil, 1953, repris en coll. « Points/Seuil » n° 35.
JAKOBSON Roman, *Essais de linguistique générale*, Éd. de Minuit, 1963, repris en coll. « Points/Seuil ».
SARTRE Jean-Paul, *Qu'est-ce que la littérature ?*, Gallimard, coll. « Folio-Essais », n° 19.

6. SUJET 6 : L'AUTOBIOGRAPHIE

Dans une galerie de portraits qu'il consacre à des personnages excentriques et qu'il rassemble en 1852 sous le titre *Les Illuminés*, Gérard de Nerval écrit :

« L'intérêt des mémoires, des confessions, des autobiographies, des voyages même, tient à ce que la vie de chaque homme devient ainsi un miroir où chacun peut s'étudier, dans une partie au moins de ses qualités ou de ses défauts. C'est pourquoi, dans ce cas, la personnalité n'a rien de choquant, pourvu que l'écrivain ne se drape pas plus qu'il ne convient dans le manteau de la gloire ou dans les haillons du vice » (collection Folio, p. 245).

Vous commenterez et discuterez, avec exemples précis à l'appui, ce jugement porté sur ce qui fait « l'intérêt », aux yeux de Nerval, des types d'œuvres mentionnés.

6.1 Analyse de l'énoncé

L'énoncé est composé pour l'essentiel d'une citation relativement courte, mais enrichie par les indications que comporte la phrase d'introduction. L'étude de l'énonciation nous retiendra donc moins que celle des références, qui prend ici une importance particulière.

1. L'énonciation

Le texte présente une allure fortement logique, marquée par « ainsi » et un verbe à sens causal (« tient à ce que ») dans la première phrase, par une série de trois locutions (« c'est pourquoi », « dans ce cas », « pourvu que ») dans la seconde. Il comporte aussi plusieurs jugements : « même » souligne l'extension donnée par l'auteur au genre autobiographique, dans ce qu'elle peut avoir d'insolite. À l'inverse, « du moins », « dans ce cas », « pourvu que », « pas plus qu'il ne convient » indiquent une restriction. L'examen des références de la citation peut expliquer ces particularités.

2. Les références de la citation

On observe un double décalage entre la citation et l'œuvre d'où elle est extraite :

– *Les Illuminés* ne sont pas un ouvrage autobiographique, mais une « galerie de portraits » ;

– il peut apparaître paradoxal d'utiliser le lieu commun de l'œuvre comme miroir tendu au lecteur à propos de « personnages excentriques ». Cette expression aide d'ailleurs à comprendre que Nerval emploie ici « personnalité » au sens d'« attachement à sa propre personne » (sens 3 donné par le Littré, mais sorti de l'usage actuel).

Cette double particularité s'explique si l'on prend en compte le contexte du passage, et, plus largement, celui de l'œuvre de Nerval.

a. Le contexte du passage

Il se situe au début de la dernière partie des *Confidences de Nicolas*, portrait consacré à Restif de la Bretonne et dont le titre fait référence à celui des mémoires intimes de Restif : *Monsieur Nicolas ou le cœur humain dévoilé* (1794-1797). Nerval se prépare à parler de l'œuvre littéraire de Restif, en s'inspirant des écrits autobiographiques de l'auteur : il commence donc par juger ses sources en comparant Restif autobiographe à saint Augustin, Sterne et Rousseau.

b. Le contexte de l'œuvre de Nerval

Mais au-delà de cette explication logique, l'intrusion d'un jugement sur le genre autobiographique dans une série de portraits dévoile la dimension confidentielle des « portraits » qui constituent *Les Illuminés*. Ces personnages hors norme fournissent à Nerval des « doubles » dans lesquels il projette et retrouve sa propre excentricité. Nerval fait partie de ces « illuminés » (Cazotte, Restif) marginaux qui ne se sont pas satisfaits des « lumières » du rationalisme triomphant au XVIIIe siècle et ont cherché la lumière ailleurs, notamment dans l'occultisme. En même temps il manifeste ainsi la tendance au dédoublement qui constitue un symptôme de son aliénation.

On peut d'ailleurs qualifier de « confidentielle » l'ensemble de l'œuvre de Nerval : entre *Sylvie* qui se présente comme une fiction et *Aurélia* qui se présente comme une confession, la frontière apparaît mince : à travers ces deux œuvres, Nerval essaie d'y voir plus clair en lui-même, et le *Voyage en Orient* est lui aussi un autoportrait, une quête de soi sous la forme d'un voyage qui a de plus en plus manifestement un caractère initiatique.

c. La date

Plus précisément, l'année 1852 se situe au cœur d'une période où Nerval, tout en subissant de plus en plus les atteintes de la maladie mentale (il est hospitalisé en 1851 et en 1852), déploie une activité littéraire et plus spécialement éditoriale intense. *Les Illuminés,* dont les textes ont été rédigés entre 1839 et 1851, sont publiés un an après le *Voyage en Orient,* dont la rédaction s'étale sur la décennie 1840-1850, et deux ans avant *Les Filles du feu.* Avec *Aurélia,* paru en 1855, en partie après la mort de Nerval, ce sont là ses œuvres majeures. Un tel parallélisme fait plus que suggérer la dimension cathartique de l'œuvre.

1852, c'est une époque où le romantisme se prolonge, et même se radicalise avec des écrivains comme Nerval. C'est aussi une époque où, contesté par le réalisme nouvellement apparu, il est amené à s'épurer. Ainsi, tout en manifestant son intérêt pour le genre autobiographique, particulièrement prisé des romantiques, Nerval dénonce la pose comme perversion du genre. L'analyse de la citation va permettre de préciser ce point.

3. L'analyse détaillée

a. Les variantes du genre autobiographique

La citation commence par une énumération qui ne met qu'en troisième position l'autobiographie, qui constitue aujourd'hui le terme générique. Le mot est en effet récent : il n'apparaît qu'au XIXe siècle, alors que le XVIIe (Retz) et surtout le XVIIIe siècle (Saint-Simon, etc.) ont été riches en mémoires, et que la confession, fondée au IVe siècle par saint Augustin, a connu une seconde naissance avec Rousseau. Quant aux récits de voyages, dont l'adverbe « même » souligne la présence un peu insolite dans cette énumération, on peut dire qu'ils deviennent un genre autobiographique avec le romantisme, car la fonction expérimentale et critique qu'ils avaient au siècle des lumières passe au second plan, et le voyage devient essentiellement un retour aux sources, qu'il s'agisse de la nature religieuse que révèle l'Amérique à Chateaubriand dans *Le Génie du christianisme*, ou du berceau de notre culture qu'il découvre au Proche-Orient dans *L'Itinéraire de Paris à Jérusalem*.

Nerval ouvre donc largement le champ de la littérature du moi. Du côté de l'histoire avec les mémoires, dont les auteurs ont eu un certain rôle dans l'histoire ou en ont été pour le moins les témoins privilégiés. Le cardinal de Retz a été l'un des chefs de la Fronde et Saint-Simon, faute d'avoir joué le rôle politique qu'il aurait souhaité, s'est consacré à observer Louis XIV et la Cour. Du côté de la géographie avec les voyages. Du côté du spirituel avec les confessions qui, même lorsqu'elles cessent d'avoir une fonction proprement religieuse, gardent quelque chose de la valeur sacramentelle et de la fonction purificatrice qu'avait la confession à l'origine. Cette ouverture consiste même plus précisément à définir la pratique de l'autobiographie comme un acte d'ouverture vers la société dans laquelle on vit, vers d'autres pays, vers un public à qui on se confie ou qu'on prend comme juge. De là naît l'image du miroir.

b. Le miroir

En devenant miroir, l'autobiographie confirme sa nature d'œuvre ouverte, puisque loin d'y voir une marque de nombrilisme, Nerval en fait un instrument de connaissance de soi tendu à chacun. L'image est d'ailleurs soulignée par la disposition symétrique, de part et d'autre du mot « miroir », de « chaque homme », *i.e.* chaque auteur, et de « chacun », *i.e.* chaque lecteur.

Mais il faudrait aussi souligner la nuance qui fait que « chacun » n'est pas ici synonyme de « tous ». « Quand je vous parle de moi, je vous parle de vous », dit Hugo à ses lecteurs dans la préface des *Contemplations*, en définissant lui aussi son œuvre comme un miroir. Mais il veut dire par là que chaque individu est en même temps un être humain qui affronte des épreuves communes à tous, notamment celle de la mort. L'autobiographie s'attache au contraire à saisir chacun dans sa différence et tout autobiographe dirait volontiers comme Rousseau, au début des *Confessions* : « Si je ne vaux pas mieux, au moins je suis autre. » De cette particularité découle la restriction qui termine la première phrase, ainsi que la conséquence tirée au début de la seconde : « dans [le] cas [où l'autobiographie devient miroir], la personnalité n'a rien de choquant ».

Elle est d'autant moins choquante que l'excentricité constitue la principale qualité du miroir. Et l'on pourrait reprendre ici ce que disait Diderot d'un des « originaux » qu'il prenait volontiers comme interlocuteur, le neveu de Rameau : « c'est un grain de levain qui fermente et qui restitue à chacun une portion de son individualité naturelle ». Ainsi pourrait s'expliquer le paradoxe d'une vie hors du commun, mais où chacun peut se retrouver. L'étude que l'autobiographie propose à chacun, ce serait celle de l'original qui subsiste sous l'homme normal, *i.e.* de la portion de sa vie et de sa personnalité qu'on a tendance à refouler (parce qu'il est plus prudent d'être dans la norme), ce qui la rend encore plus bizarre lorsqu'elle se manifeste.

L'ouverture évoquée plus haut trouve ici sa dernière dimension, dont la confession est le signe. Car, si elle est du côté du spirituel par ses objectifs, elle est du côté du pulsionnel par ses origines. Autrement dit, il n'y a absolution que parce qu'il y a eu péché. En termes profanes, l'autobiographe lave toujours plus ou moins son linge sale. C'est une opération qui demande quand même quelques précautions. De là les restrictions finales.

c. Les restrictions

Elles interviennent dans le cadre d'une métaphore filée, vestimentaire, qui sert de pendant à celle du miroir. Le miroir permet de voir, le vêtement dissimule la nudité. Cette symétrie suggère que le désir de dévoilement se heurte à une résistance qui manifeste un désir inverse. Mais le verbe « se draper » ajoute à l'image une nuance à la fois esthétique et morale : se draper, c'est « arranger ses vêtements de manière à former d'amples plis », c'est aussi

« faire étalage » (Dictionnaire Robert). Nerval ne conteste pas la nécessité d'une compensation au désagrément de l'aveu ni le bien-fondé d'une élaboration artistique chez un autobiographe, il en rejette simplement les excès par l'expression « pas plus qu'il ne convient », qui distingue implicitement la décence de la pose, et l'art de l'artifice.

Il distingue également deux perversions opposées. L'une, la plus évidente, consiste à transformer l'autobiographie en plaidoyer : il est tentant d'utiliser ses capacités littéraires pour se faire son propre avocat. Nerval en avait sous les yeux un exemple éminent et récent avec les *Mémoires d'outre-tombe* qui venaient de commencer à paraître en 1848, à la mort de Chateaubriand. L'autre apparaît plus paradoxale et suppose une certaine dose de masochisme ou/et de cynisme. Nerval en avait également un exemple sous les yeux, celui de Restif de la Bretonne, qui commence ainsi ses *Confidences de Nicolas* : « À soixante ans, écrasé de dettes, accablé d'infirmités, je me vois forcé de livrer mon moral pour subsister quelques jours de plus, comme l'Anglais qui vend son corps. » Et Nerval commente : « En lisant ce premier aveu, qui n'a pas dû être une de ses moindres souffrances, on se sent pris de pitié pour ce pauvre vieillard qui [...] vient exhumer les fautes de sa jeunesse, les vices de son âge mûr, et qui peut-être les exagère pour satisfaire le goût dépravé d'une époque qui avait admiré Faublas et Valmont. » Il excuse quelque peu Restif en accusant le goût de l'époque et en profite pour dénoncer la dérive de la littérature vers le réalisme : « On a abusé depuis de ce procédé tout réaliste qui consiste à faire de l'homme lui-même une sorte de sujet anatomique. » Tout autant que les mises en scène sataniques (à la Byron) de certains romantiques, la cible de Nerval pourrait être ici ces mémoires réalistes que sont les *Scènes de la vie de bohème* dont Murger avait commencé la publication en 1847. Mais en dénonçant ces deux excès il se montre ainsi conscient des difficultés de l'autobiographie.

d. La problématique de l'autobiographie

Dans un ouvrage consacré à ce genre, G. Gusdorf écrit : « Toute autobiographie est une œuvre d'art, et ensemble une œuvre d'édification. »

Certains ont voulu éviter ce qui leur paraissait un obstacle à l'authenticité. Ainsi Rousseau écrivait : « Si je veux faire un ouvrage écrit avec soin comme les autres, je ne me peindrai pas, je me farderai. [...] Il n'y faut point d'autre art que de suivre exactement les traits que je vois marqués. » Plus récemment,

Leiris se fixait comme impératif de « rejeter toute affabulation et [de] n'admettre pour matériaux que des faits véridiques ». Mais la lecture des *Confessions* montre Rousseau « mettant en œuvre » son passé et prenant la pose, notamment celle de la victime. Et Leiris reconnaît qu'il s'est mépris : « Ce que je méconnaissais, c'est qu'à la base de toute introspection il y a le goût de se contempler et qu'au fond de toute confession il y a le désir d'être absous. »

Un écrivain ne cesse pas d'être écrivain lorsqu'il raconte sa vie, il ne peut empêcher ni le travail du langage, ni celui de l'imagination. Renan le rappelait en évoquant le titre, *Vérité et poésie*, que Goethe avait choisi pour ses Mémoires : « Ce qu'on dit de soi est toujours poésie. » Et dans le fait de se dévoiler, on perçoit toujours la recherche d'un effet, comme l'indique Valéry dans son *Stendhal* : « Une femme qui se met nue, c'est comme si elle entrait en scène. Il y a donc deux manières de falsifier : l'une par le travail d'**embellir** ; l'autre, par l'application à **faire vrai**. »

Plus fondamentalement, bien qu'elle raconte une vie réelle, l'autobiographie, comme le dit Camus à propos du roman, « fabrique du destin ». L'édification dont parle G. Gusdorf n'est pas seulement morale mais esthétique. L'autobiographe n'a pas seulement tendance à donner de lui une image « édifiante », il édifie une construction à partir des matériaux en vrac que lui fournit sa mémoire, il donne un sens (aux deux sens du terme) et une unité à ce qui n'en a peut-être pas. Valéry le souligne dans *Tel quel* : « Qui se confesse ment et fuit le véritable vrai, lequel est nul, ou informe et en général indistinct. »

Même le journal intime, que Nerval ne fait pas figurer dans son énumération, et qui note au jour le jour les menus détails d'une existence, n'échappe pas à la règle. Le Roquentin de Sartre en fait la constatation dans *La Nausée* : « Pour que l'événement le plus banal devienne une aventure, il faut et il suffit qu'on se mette à le raconter. » E. Cioran s'en inquiète dans *De l'inconvénient d'être né* (1973) : « Comment s'étendre le lendemain sur une idée dont on s'était occupé la veille ? Après n'importe quelle nuit, on n'est plus le même, et c'est tricher que de jouer la farce de la continuité. » Et il adopte la solution du « fragment, genre décevant sans doute, mais seul honnête ».

6.2 Élaboration de la dissertation

a. Les exemples

Ils seront forcément assez nombreux : l'énumération que comporte la citation implique qu'on choisisse au moins un exemple par sous-genre. Le choix doit également prendre en compte la notoriété des textes de référence ou leur importance dans l'histoire du genre : il serait imprudent de faire l'impasse sur les *Confessions*, peu adroit de négliger les *Mémoires d'outre-tombe*. *Les Mots*, de Sartre, offrent une ample matière à étudier les façons dont l'autobiographe « se drape », la folie de l'écriture étant ici à la fois sa gloire et son vice. M. Leiris constitue aussi une référence importante. Après avoir pratiqué le récit de voyage (*L'Afrique fantôme* est à la fois une étude du comportement de l'homme primitif dominé par l'inconscient et une tentative pour retrouver son équilibre intérieur), il se signale par l'acuité de son interrogation sur le jeu autobiographique, jeu à risque (il le compare à la tauromachie dans la préface de *L'Âge d'homme*, parce que l'homme y affronte l'animal qui est en lui), jeu avec le miroir qu'est le langage : il en analyse les lapsus et les ramifications (cf. le titre *Biffures* qui désigne à la fois les ratures et les « bifurs », *i. e.* les bifurcations) dans les trois volumes de *La Règle du jeu*.

Mais, à côté de ces textes canoniques, il ne serait pas mauvais de faire intervenir des textes moins connus : Restif de la Bretonne (cf. *supra*) si, à l'occasion du devoir, on a consulté *Les Illuminés*, Stendhal, qui a pratiqué à la fois le récit de voyage (*Promenades dans Rome*, *Mémoires d'un touriste*) et l'autobiographie (*Vie de Henry Brulard*, *Souvenirs d'égotisme*), et, plus près de nous, N. Sarraute (*Enfance*) ou G. Pérec (*W ou le souvenir d'enfance*). Il y a lieu toutefois d'éviter les autobiographies conformistes (elles pullulent à l'heure actuelle). Comme le laisse entendre la citation proposée, et comme le rappelle P. Lejeune dans une interview :« Toutes les grandes autobiographies dérangent. »

Il faut donc varier les exemples, mais en se limitant évidemment au genre proposé. Il ne faut pas confondre l'autobiographie avec le roman autobiographique, qui prend parfois le nom de « Mémoires », mais n'en reste pas moins une fiction (on pourrait citer les *Mémoires de deux jeunes mariées*, de Balzac), encore moins avec les œuvres à la première personne (qui incluraient la poésie lyrique et le théâtre). Ainsi faut-il éliminer aussi bien *À la recherche du temps perdu* (même si le héros se prénomme Marcel) que la trilogie autobiographique de J. Vallès (quoique son héros Jacques Vingtras ait les mêmes initiales que lui).

Il est vrai que parfois la distinction n'est pas évidente. C'est précisément le cas chez Nerval, qui indique lui-même sa tendance à confondre le rêve et la réalité. On peut quand même considérer *Aurélia* comme un récit autobiographique, puisque Nerval entreprend d'y reconstituer l'histoire de sa folie telle qu'il l'a vécue : exemple extrême d'excentricité.

b. L'axe de la démonstration

• Le commentaire :

Il peut s'appuyer sur celui du texte, qui est fortement structuré, comme l'a fait ressortir notre analyse. Contre l'accusation de nombrilisme qui guette l'autobiographie, Nerval s'attache à montrer qu'elle est un genre ouvert, d'abord par sa variété, ensuite parce qu'elle est un miroir tendu à l'autre pour lui permettre de s'ouvrir et de se découvrir. On pourrait à ce propos citer C. Roy : « On est toujours tenté de croire qu'on est le seul : le seul à se trouver seul [...]. Je garde une reconnaissance sans fin à ceux qui m'ont aidé à découvrir qu'on n'est jamais le seul [...]. À tous ceux qui m'ont rappelé que dire *Moi je* n'est pas poli, mais parfois utile pour apprendre enfin à dire *Nous* » (*Moi je*, 1969).

Le dévoilement de soi se trouve autorisé puisqu'il est utile à l'autre. C'est ainsi que les romantiques donnent leur cœur et leur vie en pâture à leurs lecteurs. Mais il faut prévenir les menaces de débordement, le risque du narcissisme et le recours à la pose qui résulte de la difficulté à se dévoiler. C'est le sens des restrictions qui terminent la citation.

Le romantisme de Nerval, qui est tardif, inclut donc un regard critique sur les excès du romantisme (mais aussi du réalisme) ; Nerval annonce la mise en question du genre autobiographique que connaîtra le XXe siècle, en même temps qu'il en suggère les tensions : d'un côté la revendication de l'excentricité, la tendance à la dispersion du moi, le souci d'authenticité, de l'autre la crainte de l'excès et le désir de (re) constituer ce moi, le narcissisme. C'est à partir de ces tensions que peut s'engager la discussion demandée par l'énoncé.

• La discussion :

Nerval définit ici l'autobiographie en tant que lecteur. Il faut donc s'interroger sur les particularités, voire sur l'excentricité de sa lecture.

D'un côté il ouvre largement le domaine de l'autobiographie, puisqu'il y inclut les voyages, de l'autre le seul intérêt qu'il lui reconnaisse, quelle que soit la forme qu'elle prenne, c'est de permettre au lecteur de « s'étudier ». Cela revient à dire qu'on ne lit pas Saint-Simon pour découvrir Louis XIV et Versailles, ni Stendhal ou, aujourd'hui R. Fernandez, pour découvrir l'Italie, mais seulement pour se découvrir des affinités avec l'auteur. Il est certain que c'est le regard de ces différents auteurs sur l'objet regardé qui nous intéresse, parce que ce regard fait vivre l'objet. On peut également penser que le mémorialiste ou le voyageur, en s'intéressant aux autres et au monde, va finalement à la recherche de lui-même. Mais le détour ainsi fait pour arriver à soi n'est quand même pas indifférent : Saint-Simon est quand même d'abord le miroir de son siècle, et on pourrait dire, en empruntant une formule que Stendhal a rendue célèbre, que le récit de voyage « est un miroir que l'on promène le long d'un chemin ». Nerval aborde donc mémoires et voyages dans une perspective quelque peu narcissique, qui consiste à ramener tout à soi. C'est d'ailleurs, à l'époque romantique, ce qu'ont tendance à faire les auteurs eux-mêmes. La présence de Chateaubriand dans ses *Mémoires d'outre-tombe* est beaucoup plus envahissante que celle de Saint-Simon dans les siennes.

On pourrait faire la même remarque à propos de l'excentricité, en constatant que les portraits des *Illuminés* ont des airs d'autoportraits de Nerval lui-même. Ainsi, comme Nerval, Restif conçoit pour une actrice un amour dont Nerval dénonce le danger (« c'est un mensonge perpétuel, c'est le rêve d'un malade, c'est l'illusion d'un fou ») et s'invente un arbre généalogique prestigieux. Nerval cherche-t-il là une occasion de s'étudier dans l'autre ou une caution à sa propre excentricité ? Pour découvrir l'autre en soi, encore faut-il commencer par sortir de soi.

L'excentricité n'est pas seulement déviation par rapport à une norme, elle est, plus profondément (notamment chez Nerval), tendance à la dispersion du moi, voire à son éclatement, *i.e.* à la schizophrénie. On peut penser qu'en « rassembl [ant] » dans *Les Illuminés* des portraits qui sont un peu des autoportraits, Nerval lutte contre cette tendance. Mais il combat aussi l'excentricité au sens courant, en lui imposant un devoir de réserve. Il se montre ainsi doublement classique, dans le fond en adhérant à la conception d'une unité du moi, et dans la forme en souhaitant que l'autobiographie présente du moi une image esthétique (c'est le drapé), tout en gardant le souci de la mesure.

L'autobiographie contemporaine exprime au contraire volontiers une contestation du moi unitaire et un refus de l'élaboration esthétique qui fausse ou mutile le réel. Cette contestation s'est manifestée chez les surréalistes. Ainsi, dans *Nadja*, Breton se présente au début comme un fantôme en attente de lui-même, lancé au milieu de « faits-glissades » et de « faits-précipices », manifeste son souci du réel en mêlant à son discours des photographies et proclame à la fin la nécessité d'une « beauté convulsive ». Nous avions vu plus haut chez E. Cioran et M. Leiris d'autres formes de cette contestation.

Repères bibliographiques

CIORAN E.M., *De l'inconvénient d'être né*, Gallimard, 1973.
LEIRIS Michel, *L'Âge d'homme*, 1939, repris en coll. « Folio/Gallimard ».
LEJEUNE Philippe, *L'Autobiographie en France*, A. Colin, 1994.
LEJEUNE Philippe, *Le Pacte autobiographique*, Seuil, 1975.
GUSDORF Georges, *La Découverte de soi*, P.U.F, 1948.
L'Autobiographie : « Les Mots » de Sartre, Les écrivains du bac, coll. « Lire/Gallimard », 1993.

7. Sujet 7 : La « réception » d'une œuvre

« Pour qui écrit-on un roman ? Pour qui écrit-on un poème ? Pour des gens qui ont lu certains autres romans, certains autres poèmes. On écrit un livre pour qu'il puisse être placé à côté d'autres livres, pour qu'il entre sur une étagère hypothétique et, en y entrant, la modifie en quelque manière, chasse de leur place d'autres volumes ou les fasse rétrograder au second rang, provoque l'avancement au premier rang de certains autres. »

Quelles réflexions vous inspire ce propos d'Italo Calvino (*La Machine littérature*, Le Seuil, 1984, p. 69) ?

7.1 Analyse du sujet

1. Unité de l'ensemble

Il se présente sous la forme d'une citation assez courte, suivie de consignes qui laissent apparemment une certaine liberté : « Quelles réflexions vous inspire... ? » Mais en fait la difficulté réside dans la compréhension de la citation et le risque de contresens.

Il est donc nécessaire de procéder à une analyse rigoureuse de la forme de la citation, afin d'en sentir l'unité profonde. Celle-ci est sensible dans les répétitions : « on écrit », d'abord à la forme interrogative, puis à la forme affirmative. Les deux dernières phrases constituent donc une réponse à une question certes bien traditionnelle : « Pour qui écrit-on ? » qui est une subdivision de *Qu'est-ce que la littérature ?* de J.-P. Sartre.

Mais l'erreur serait d'isoler cette question, d'y apporter une réponse « personnelle », alors qu'il importe de prendre en considération la réponse qu'apporte Calvino, et la transformation qu'elle implique : « Pour qui écrit-on ? », pour qu'un livre « modifie » cette « étagère hypothétique » où le placeront des lecteurs que la troisième phrase définit comme « des gens qui ont lu certains autres livres ». Il s'agit donc bien de ne pas dissocier la question de la réponse et alors de réfléchir sur l'intention de l'écrivain à l'œuvre, sur la représentation qu'il se fait de son public, bref sur « l'horizon d'attente* » des œuvres et la conscience que l'écrivain peut en avoir, qu'il y réponde ou s'y oppose.

2. Analyse détaillée

Cette perspective générale dégagée, il faut voir ce qui, dans le détail du vocabulaire employé par Calvino, permet de préciser et d'enrichir la problématique.

Ainsi le terme d'« **étagère hypothétique** » est le centre d'une métaphore dont on doit percevoir la richesse. Elle est « hypothétique », parce que l'écrivain la vise quand il écrit et la présuppose chez son lecteur. Elle est « modifiée » dans son classement (« place », « rétrograder », « avancement », « rang »). Apparaît alors une hiérarchie (« second », « premier ») qui conduit à poser la question des valeurs esthétiques qui fondent ce classement, qu'il concerne chaque genre en particulier (Calvino évoque le roman et la poésie), leur hiérarchie ou plus généralement la variabilité du goût.

Il faut bien saisir l'orientation et la portée du propos de Calvino. Il fait entrer en ligne de compte la notion d'**intertextualité***, mais l'envisage **du côté du lecteur**. Lire, c'est faire réagir l'œuvre qu'on lit avec d'autres œuvres déjà lues.

Surtout il envisage cette intertextualité dans une perspective non de **continuité** mais de **rupture**. Il ne s'agit pas de faire des clins d'œil de connivence à un « connaisseur » qui reconnaîtra avec plaisir telle allusion, ni de perpétuer, en s'y conformant, un canon esthétique et l'échelle des valeurs qu'il implique. Le mot « autres », deux fois répété, exprime fortement la différence. L'écrivain veut surprendre, instituer un écart, contester les œuvres antérieures. L'allusion prend ici valeur de rectification.

3. Portée du sujet

La littérature antique en fournit déjà un exemple célèbre. Lorsque Euripide reprend le mythe d'Électre, notamment à la suite des *Choéphores* d'Eschyle, il « corrige » la scène des retrouvailles entre Électre et Oreste sur la tombe de leur père Agamemnon, en soulignant les invraisemblances d'Eschyle, et marque ainsi la rupture avec le langage symbolique du mythe et l'exigence d'un théâtre plus rationnel.

Il ne s'agit donc pas seulement, comme le dit une formule rebattue, de se poser en s'opposant, mais de mettre en question tout un système. Comme le fait Saussure à propos de la langue, Calvino semble ici associer une approche diachronique et une approche synchronique de la littérature. En synchronie, *i.e.* à chaque moment de son histoire, celle-ci constitue un système organisé dans lequel chaque élément occupe sa place. Mais si on le regarde en diachronie, *i.e.* en suivant le fil du temps, on constate que ce système évolue constamment et, comme tous les éléments sont en interaction, que chaque élément nouveau entraîne une modification du système dans son ensemble.

Par exemple, lorsque les romantiques s'opposent aux écrivains néoclassiques, leurs contemporains, ils remettent également en question la prééminence du classicisme dans l'ensemble de la littérature française ; ils ressuscitent ainsi la littérature médiévale (mode des « troubadours » au début de la Restauration). Puis c'est le tour des baroques, que commence à sortir de l'oubli Th. Gautier dans *Les Grotesques* en 1844.

4. Une problématique centrée sur le lecteur

Dans cette modification le lecteur a un rôle actif à jouer. Il confronte le livre nouveau à sa culture antérieure (d'une façon en partie imprévisible pour l'auteur) et c'est lui qui le range dans son étagère (il peut aussi le mettre au panier), contribuant ainsi à créer un nouveau paysage littéraire que d'autres auteurs et d'autres lecteurs viendront à leur tour modifier.

De là découlent plusieurs stratégies littéraires. L'écrivain peut provoquer le lecteur pour l'amener à remettre brutalement en cause ses habitudes et son image de la littérature. Il peut aussi procéder de manière plus insidieuse. À la révolte ostentatoire de Rimbaud, on pourrait ainsi opposer la subversion plus insinuante de Verlaine, qui paraît adopter le moule traditionnel de la poésie élégiaque, mais invente à travers lui la poésie moderne.

Le public peut lui-même être partagé entre le désir d'une littérature conservatrice, perpétuant une certaine idée du monde et proposant un Beau éternel, et celui d'une littérature qui remette cette idée en question. C'est notamment le cas (Sartre l'a montré dans *Qu'est-ce que la littérature ?*) au XVIIIe siècle et Diderot résout brillamment ce problème dans *Jacques le fataliste* en introduisant dans l'œuvre un dialogue de l'auteur avec le lecteur qui lui permet de jouer avec ses lecteurs réels. Le lecteur fictif est en effet un usager du roman « romanesque » qui a connu un grand succès au XVIIe siècle, *i.e.* d'une littérature d'évasion et d'illusion, contre laquelle Diderot veut promouvoir un roman « philosophique » aidant à comprendre la réalité. En entreprenant de raconter de multiples histoires, Diderot nourrit le désir de romanesque ; mais en les interrompant sans cesse, il met en garde son lecteur fictif contre l'illusion romanesque dont il démonte le mécanisme (l'interruption ne sert plus ici, comme dans les *Mille et Une Nuits*, à aviver le désir), en même temps qu'il crée une connivence avec le lecteur réel, qu'il suppose moins naïf et plus philosophe.

La remise en question peut d'ailleurs concerner la littérature elle-même. L'imprécision du vocabulaire de Calvino (« certains » est répété) autorise à envisager un élargissement du contenu de l'étagère à ce qu'on appelle la paralittérature, *i.e.* aux œuvres sans prétention littéraire (celles des romanciers de gare ou des poètes du dimanche), voire (l'énoncé parle « d'autres livres ») à la non-littérature, à des ouvrages d'information par exemple. La suite de l'article de Calvino va d'ailleurs dans ce sens : « Une situation littéraire commence à être intéressante quand on écrit des romans pour des gens qui ne sont pas seulement des lecteurs de romans, quand on fait de la littérature en pensant à une étagère de livres qui ne sont pas tous des livres de littérature. » S'exprime ici le souci d'éviter un ghetto littéraire, qui se manifestait déjà, par exemple, dans la revendication surréaliste d'une littérature faite par tous et pour tous, *i.e.* faisant éclater les limites de la littérature.

C'est donc le sens de cette intentionnalité de l'écriture qui est le centre de la problématique. Quant à la discussion de la thèse de Calvino, il serait particulièrement maladroit de vouloir dresser le catalogue des autres buts que peut viser l'écrivain. En revanche, on pourra contester la notion même de **finalité** et ne voir qu'une conséquence là où Calvino propose une intention.

7.2 Esquisse de plan

• **L'analyse de l'énoncé** s'est attachée à étudier le texte de Calvino selon une démarche progressive et à signaler par des caractères gras les étapes significatives de celle-ci : l'unité de l'énoncé est assurée par la métaphore de l'étagère qui donne une dimension concrète aux notions d'horizon d'attente et d'intertextualité.

Les exemples choisis peuvent être remplacés par d'autres (Sade ressorti des oubliettes par les surréalistes, Sponde par les symbolistes). Inversement on peut évoquer l'oubli total d'œuvres qui ont été saluées à leur époque comme des chefs-d'œuvre, par exemple les tragédies de Voltaire.

• À partir de l'analyse du contenu du propos de Calvino se posent deux problèmes qui peuvent **nourrir la discussion** :

– celui de la stratégie littéraire de l'écrivain ;
– celui de l'efficacité de cette stratégie.

On peut noter que Calvino rencontre et dévalue dans une certaine mesure d'autres réponses à la question : « Pour qui écrit-on ? » :

– pour les contemporains ou pour la postérité ?
– pour une élite ou pour la masse ?

Apparemment il transfère le pouvoir au lecteur, mais c'est une ruse pour assurer la primauté de l'écrivain, grand « machinateur ». Mais l'histoire de la littérature montre que l'évolution du paysage littéraire échappe largement à l'intention des auteurs. Le bouleversement qu'un auteur peut y opérer vient souvent de ce qu'il s'est trouvé sans l'avoir voulu dans telle conjoncture historique (Kafka) ou de ce qu'il a su exploiter un changement encore implicite des besoins du public (Chateaubriand dans *Le Génie du christianisme*).

Souvent les œuvres novatrices n'ont pas cherché à bousculer l'étagère mais ont tiré leur pouvoir de transgression du fait qu'elles étaient écrites pour elles-mêmes et recherchaient essentiellement le plaisir (Flaubert, Perec).

Repères bibliographiques

JAUSS Hans Robert, *Pour une esthétique de la réception*, Tel/Gallimard, 1978.

CHARLES Michel, *Rhétorique de la lecture*, Seuil, 1977.
ECO Umberto, *L'Œuvre ouverte*, Seuil, 1979.

8. SUJET 8 : LA *PRÉFACE* DE *CROMWELL*

« Les romantiques font tous des préfaces... *Le Constitutionnel* les plaisantait l'autre jour là-dessus avec une grâce... », dit un personnage d'*Antony*, drame d'A. Dumas (1831). Que signifie la *Préface* de *Cromwell*, publiée par V. Hugo en 1827 ?

8.1 Analyse du sujet

1. L'analyse de l'énoncé

a. La forme

1. L'énoncé se présente sous la forme courante d'une citation courte amenant une question, mais la question n'invite pas simplement à réfléchir sur la citation proposée : elle présente même un aspect assez inattendu, dans la mesure où elle semble dévier du propos initial : on passe d'*Antony* et des préfaces romantiques en général à une préface en particulier, celle de *Cromwell*. Il y a donc dédoublement du sujet, confrontation de deux notions ; d'autre part, il apparaît qu'à l'inverse de la formulation habituelle, c'est la citation qui fournit, au moins en partie, le « mode d'emploi » de la question posée : la signification de la préface de *Cromwell* ne doit pas être cherchée uniquement dans le texte de cette préface, mais aussi dans le contexte de l'apparition du phénomène romantique, de ses modalités et des réactions qu'il suscite. La citation est donc une mise en garde contre l'erreur qui consisterait à croire qu'il suffit de dégager les idées exprimées par Hugo dans sa préface pour répondre à la question posée.

2. Cette citation est elle-même composée de deux phrases : la première semble présenter un simple constat, mais les points de suspension impliquent un sous-entendu explicité dans le jugement que comporte la seconde phrase ; le jugement est celui d'un journal, mais l'expression finale (« avec une grâce... »), qui réutilise les points de suspension, marque l'adhésion du locuteur à ce jugement. Celui-ci est évidemment dépréciatif : le verbe « plaisantait » suggère à la fois que les romantiques sont ridicules et qu'on ne peut

les prendre au sérieux. La « grâce » du *Constitutionnel* s'oppose implicitement à la pesanteur du discours romantique. Par une sorte d'inversion des rôles, c'est le journaliste qui manifeste l'aptitude à plaire et exerce la fonction de divertissement normalement dévolue à l'écrivain, tandis que celui-ci devient lourdement didactique.

b. La dimension critique

1. Dans cette perspective critique, on peut dégager les sous-entendus de la première phrase : elle suggère un comportement stéréotypé, mécanique (« tous »), source de comique, mais aussi peut-être une incompétence : une œuvre de qualité se suffit à elle-même, et se soutient elle-même ; la multiplication des préfaces fait soupçonner à la fois une certaine incontinence verbale (on a souvent accusé les romantiques de logorrhée, et la *Préface* de *Cromwell* compte une cinquantaine de pages) et l'incapacité à produire des œuvres, à tout le moins des œuvres viables. C'est le cas précisément de *Cromwell*, qu'Hugo a dû renoncer à porter à la scène à cause de son gigantisme (6 400 vers, 62 personnages, sans compter les figurants) ; c'est alors qu'il a commencé à en rédiger la *Préface*. Plus généralement, il est notoire que, dans l'histoire du mouvement romantique, les théories et les manifestes ont précédé les chefs-d'œuvre. Stendhal avait publié dès 1823 *Racine et Shakespeare*, mais le drame romantique ne triomphe qu'en 1830 avec *Hernani*. La citation, prise telle quelle, constitue donc une critique du romantisme.

2. Mais elle exprime l'opinion d'un personnage. On peut douter que ce soit celle de Dumas, puisque celui-ci était, avec Hugo et Vigny, le fer de lance du théâtre romantique et lui avait donné son premier grand succès en 1829 avec *Henri III et sa cour*. Il était encore l'ami de Hugo en 1831, mais il était aussi son concurrent (le succès d'*Antony* provoqua d'ailleurs la séparation des romantiques en deux troupes rivales) et, tandis que Hugo multiplie les préfaces, il se montre un théoricien beaucoup plus discret : dans *Antony*, il n'évoque sa conception du drame qu'au fil d'une conversation de salon (la citation de l'énoncé en est un extrait). Il n'est donc pas exclu qu'il y ait de sa part quelque malice sous-jacente à l'égard de Hugo.

3. Mais sa cible principale est certainement l'auteur du jugement lui-même, vraisemblablement un notable d'après ses lectures. *Le Constitutionnel* est en effet l'organe des « progressifs », *i.e.* des libéraux modérés, installés, un journal à la fois prospère et prudent pour préserver ses 17 000 abonnés (chiffre

considérable pour l'époque). Il incarne la méfiance des gens « raisonnables » à l'égard des romantiques et représente le monde que ceux-ci remettent en question et cherchent à bousculer. En mettant en scène un mondain qui se gausse des romantiques, Dumas montre donc que ceux-ci se heurtent à une incompréhension de l'opinion qui justifie leur recours à des préfaces.

c. Pourquoi une préface ?

1. Il faut donc à présent s'interroger positivement sur le sens des préfaces, *i.e.* sur le besoin qu'ont éprouvé les romantiques de s'expliquer. Le romantisme n'a pas l'exclusivité des préfaces : on connaît bien celles de Corneille ou de Racine. Ce phénomène est lié à un moment de crise où le théâtre bouge, où une nouvelle conception du théâtre apparaît, où ses auteurs se heurtent à une partie de l'opinion et où, persuadés de l'importance sociale du théâtre, ils expriment leur souci de convaincre le public. Ce besoin de renouvellement est particulièrement fort chez les romantiques : ils veulent libérer le théâtre de deux siècles de classicisme comme la France a été libérée de l'Ancien Régime. Le premier sens de ces préfaces consiste donc à faire aller le théâtre dans le sens de l'histoire et ainsi à lui redonner tout son sens.

2. Ce désir de ressourcement est particulièrement fort chez Hugo, qui veut à la fois balayer une tragédie en perte de vitesse et contrebalancer la médiocrité du mélodrame, genre en vogue. L'année 1827 est d'ailleurs agitée par des souffles de révolution : le rétablissement de la censure provoque un tollé, la chute du réactionnaire Villèle annonce la fin de la Restauration.

3. Mais il faut aussi s'interroger sur les motivations plus personnelles qui ont pu pousser Hugo à rédiger cette monumentale *Préface* et sur sa valeur de signe. En 1827, Hugo s'est fait un nom comme poète grâce aux *Odes et ballades*, mais il reste le second de Lamartine. Il cherche donc à se faire une place comme dramaturge, là où un succès sera plus retentissant. Il s'emploie aussi à réunir sous sa bannière les deux courants du romantisme, le réactionnaire et le libéral, en tirant parti de sa propre évolution. Royaliste à ses débuts, Hugo prend ses distances avec le régime en rédigeant en février 1827 l'« Ode à la colonne de la place Vendôme », dont la ferveur napoléonienne lui vaut l'approbation des libéraux. La *Préface* a pour fonction de marquer cette évolution et d'installer plus nettement Hugo comme chef de file.

2. La problématique

a. Bilan de l'analyse de l'énoncé

1. L'analyse qui précède a explicité le lien entre les deux éléments de l'énoncé (la citation, la question) et montré que la *Préface* avait un sens par son existence même, comme témoignage de l'activité romantique et comme étape dans la carrière de Hugo. Ce sens commande en partie le sens du message lui-même, ou plutôt il existe une interaction entre les idées développées dans la *Préface* et le contexte, à la fois personnel et collectif, dans lequel elle se situe.
2. La connaissance de ce contexte permet donc de mieux saisir les enjeux et la portée du discours de Hugo, et d'éviter l'écueil des sujets portant sur un texte didactique. En tant qu'exposé d'idées, ces textes privilégient apparemment la fonction référentielle*, et on a tendance à les considérer uniquement sous l'angle du « contenu », alors qu'ils constituent un acte de communication qui met en jeu, à des degrés divers, l'ensemble des fonctions* du langage. La fonction impressive*, bien sûr : étymologiquement un texte didactique est un texte qui se propose d'enseigner. Mais aussi, notamment dans le cas de Hugo, la fonction expressive (Hugo ne cesse jamais d'être un lyrique) et la fonction poétique (l'élan de l'enthousiasme hugolien et son désir de convaincre s'expriment dans un travail sur le langage qui mobilise les ressources de la rhétorique et de la métaphore). D'autre part, le référent du texte, ce n'est pas seulement la réalité dont il parle, mais aussi la situation et les circonstances de sa production, ainsi que son environnement textuel, *i.e.* les autres textes parmi lesquels il prend place.

b. Les éléments fournis par la Préface

1. C'est par rapport à cet ensemble qu'il faut envisager la théorie esthétique exposée par Hugo, et qu'il y a lieu à présent d'examiner. Le schéma en est assez simple et pourrait se résumer ainsi : Hugo replace le théâtre dans l'histoire de l'esprit humain, qui passe par trois étapes : l'âge lyrique de la Bible, l'âge épique d'Homère, l'âge dramatique enfin. Ce troisième âge, qui correspond à la vieillesse de l'humanité, apparaît avec le christianisme, produit à la fois la mélancolie et l'esprit d'examen. Surtout, « le christianisme amène la poésie à la vérité », *i.e.* révèle, à côté du beau, l'existence du laid. Cette reconnaissance du laid engendre le type du grotesque, sous la double forme de l'horrible et du bouffon. La présence du grotesque distingue

l'art moderne, romantique, de l'art antique, classique. Il constitue avec le sublime un couple d'opposés représentant celui du corps et de l'âme. L'équilibre entre ces deux principes se réalise avec Shakespeare.

2. Donc, « le drame est la poésie complète ». De même qu'il refuse d'éliminer la part grotesque du réel, il refuse d'enfermer l'action dramatique, qui reste, elle, unique, dans les unités de lieu et de temps. L'artiste ne doit plus obéir aux règles ni aux théories, mais à son génie et à la nature. Mais la réalité selon l'art n'est pas la réalité selon la nature. L'art est un miroir qui concentre la réalité, exprime l'atmosphère d'une époque en choisissant le caractéristique, conserve le vers, tout en le libérant, parce qu'il « trempe » l'idée. Après quelques considérations sur la pièce elle-même, Hugo conclut en opposant à la tragédie étriquée le drame capable de « dérouler [...] toute une époque de crise », de mêler « le grotesque avec le sublime » et dont on doit accepter les défauts en pratiquant « la féconde critique des beautés ».

3. Ce résumé ne constitue évidemment pas une problématique, mais un support nécessaire à son élaboration. Il faut à présent passer de ce que dit la *Préface* à ce qu'elle signifie, et il faudrait ajouter *pour qui ?* — puisqu'il s'agit d'un acte de communication. On peut essayer de répondre dans trois directions, en se demandant ce qu'elle signifie pour les contemporains, pour Hugo lui-même, et pour nous, *i.e.* pour l'histoire du théâtre, puisque notre situation nous permet de saisir l'œuvre de Hugo dans une perspective plus large.

3. La *Préface* pour les contemporains

1. Pour les contemporains, elle apparaît immédiatement, de par sa taille, de par l'ampleur de ses vues, de par son éloquence, comme le manifeste le plus important du théâtre romantique. L'accueil triomphal que reçoit Hugo lors des lectures qu'il en fait, les controverses qu'elle suscite, en sont le témoignage. Ses emprunts à des ouvrages antérieurs le situent dans la lutte contre l'esthétique classique. C'était déjà en envisageant l'histoire de l'esprit humain que Mme de Staël, dans *De la littérature*, et Chateaubriand, dans *Le Génie du christianisme*, avaient ouvert la voie au romantisme. L'histoire enseigne la relativité du beau, elle suggère une maturation de l'humanité analogue à celle de l'individu, elle « interpelle » les romantiques parce qu'ils y trouvent du drame à foison et qu'ils y cherchent des réponses à leurs inquiétudes. L'histoire fournit enfin, avec la Révolution française, le modèle d'une libération que les romantiques veulent réaliser dans l'art.

2. Le terme de « drame » signifie précisément cette libération, en ce qu'il constitue un terme global : il exprime donc un refus du cloisonnement en genres (tragédie, comédie) et du carcan des règles (outre les unités, les bienséances, visées à travers une critique de la notion de goût). Ce terme, les dramaturges du XVIIIe siècle l'avaient déjà utilisé en revendiquant le droit de faire cohabiter dans la même pièce, comme dans la vie, le rire et les larmes. Mais leur intention était de rapprocher l'univers théâtral de la vie quotidienne, de l'humanité moyenne, en évitant l'excès du tragique ou de la farce, ce qui les amenait à employer aussi l'expression de « genre sérieux ». Pour Hugo, au contraire, il s'agit d'élargir le champ théâtral, en y faisant la part belle au grotesque, jusqu'ici marginalisé, et surtout de créer par là une tension proprement dramatique (le drame, c'est le conflit), entre éléments opposés. Enfin, « le drame est la poésie complète », c'est-à-dire qu'il ne se contente pas de succéder à la poésie lyrique et à la poésie épique, mais les englobe. Il est apte à montrer (car il ne s'agit pas de se borner à raconter, comme le fait souvent le théâtre classique) aussi bien la crise intime d'un individu que les luttes qui agitent une société. Hugo rêve de réaliser dans le drame son désir d'un art total.
3. Car c'est bien d'art qu'il est question, et, sur ce point aussi, Hugo se distingue de ceux qui, au XVIIIe siècle, dans un souci de vérisme, avaient non seulement adopté la prose, mais même, parfois, recommandé de remplacer le discours articulé par de simples interjections ou onomatopées, pour restituer plus fidèlement l'émotion. Le théâtre, pour Hugo, ne se contente pas de refléter la vie, il la concentre et la transfigure (l'art est appelé une « baguette magique »).

4. La *Préface* pour Hugo

1. On touche ici à la signification de la *Préface* pour Hugo. En insistant sur cette « poésie » du drame, ce qui l'amène notamment à souhaiter, sans l'imposer, l'usage du vers, Hugo se distingue de la majorité des romantiques. En 1823, dans *Racine et Shakespeare*, Stendhal se prononçait pour la prose, au nom de l'exactitude et de la clarté. Hugo y voit une réduction du langage théâtral : « la médiocrité y est à l'aise », écrit-il. Le vers lui paraît au contraire être l'instrument capable de couvrir tout le champ du drame, du sublime au grotesque, à condition d'être « libre, franc, loyal, osant tout dire sans pruderie, tout exprimer sans recherche, [...] sachant briser à propos et déplacer la césure [...], prenant, comme Protée, mille formes... ». Le théâtre est le lieu où Hugo entend à la fois révolutionner l'alexandrin et maintenir l'exigence

esthétique au sein d'une époque gagnée par l'utilitarisme et fascinée par le médiocre mélodrame.
2. La *Préface* est aussi pour Hugo l'occasion de promouvoir le grotesque. Il a conscience d'une découverte importante. « Il y aurait, à notre avis, écrit-il, un livre bien nouveau à faire sur l'emploi du grotesque dans les arts. » Il commence par réhabiliter le terme, employé généralement comme un synonyme de « ridicule », en montrant qu'il englobe aussi bien l'horrible que le bouffon. Le grotesque, c'est ce que l'Antiquité a refoulé ou tout au moins marginalisé et qui, « comme un torrent qui a rompu sa digue », fait « irruption [...] dans l'ère moderne ». En l'associant à l'avènement du christianisme, Hugo reprend d'une façon inattendue la thèse du *Génie du christianisme*. En écrivant : « il est temps de montrer que, loin de rapetisser la pensée, il se prête merveilleusement aux élans de l'âme », Chateaubriand faisait du christianisme le responsable d'une perception plus vaste de l'homme, mais dans le sens de la sublimité (façon de réagir contre l'idéologie des Lumières, qui en faisait un reste de barbarie médiévale). Hugo, lui, associe au christianisme la découverte de la bête en l'homme.

La thèse est assez hasardeuse, comme la chronologie de Hugo. C'est dans la vision qu'en donne l'art classique, *i.e.* un art marqué par le christianisme et quelque peu épurateur, que l'art antique apparaît essentiellement sublime, de même qu'on voit dans la blancheur des temples grecs une image de pureté, en oubliant qu'à l'origine ils étaient bariolés. En faisant commencer l'ère moderne au christianisme, Hugo fait une parenthèse sur cet art classique, ou plutôt le rejette, sans le dire, dans l'Antiquité. Mais, à travers cette erreur historique, il dévoile une tendance personnelle profonde qui le pousse à se pencher sur l'abîme, *i.e.* sur ce que la nature et la société dissimulent dans leurs bas-fonds, pour le tirer à la lumière : telle est pour lui la mission de l'art. La *Préface* annonce à la fois *Les Misérables* et « Ce que dit la bouche d'ombre », le grand poème du dernier livre des *Contemplations*.
3. Le couple que le grotesque forme avec le sublime met aussi en œuvre un ressort essentiel de l'art hugolien. Même s'il a pu lire dans le *Cours de littérature dramatique* de A. W. Schlegel, traduit dès 1813, que « l'esprit romantique [...] se plaît dans un rapprochement continuel des choses les plus opposées », l'antithèse commande aussi bien sa perception du monde (le blanc et le noir, le haut et le bas), sa morale et sa métaphysique (le bien et le mal, l'ange et la bête), que sa rhétorique et sa poétique. À ses yeux, l'anti-

thèse valorise les opposés (il affirme que « le contact du difforme a donné au sublime moderne quelque chose de plus pur, de plus grand, de plus sublime enfin que le sublime antique »), mais aussi les rapproche, « car la poésie vraie, la poésie complète, est dans l'harmonie des contraires ».
4. Ce rapprochement pourrait aussi parfois s'appeler confusion, entre les genres notamment. Hugo n'hésite pas à définir les tragiques grecs comme des poètes épiques, ou, inversement, Milton et Dante comme des poètes dramatiques. Et dans la préférence que marque, à cette époque de sa carrière, Hugo pour le théâtre, on voit se confondre plusieurs préoccupations. Celle de donner carrière à son ambition : en poésie, Lamartine occupe incontestablement le premier rang ; le théâtre offre un champ plus ouvert, la perspective d'un succès plus retentissant... et plus enrichissant (Hugo vit de sa plume). Hugo veut s'imposer à la fois au mouvement romantique, en réalisant une synthèse et un équilibre entre ses diverses tendances (c'est ce que veut démontrer la *Préface*), et au public, conscient qu'il est des pouvoirs du théâtre. Cette conviction ne fera que croître après la Révolution de 1830 et il écrira en 1831 dans la préface de *Marion Delorme* que le théâtre peut maintenant « ébranler les multitudes et les remuer dans leurs dernières profondeurs ». Mais la *Préface* montre que le choix du théâtre satisfait aussi le gigantisme et les ambitions totalitaires du génie hugolien.

5. La *Préface* pour nous

1. Pour nous, la *Préface* représente d'abord le texte théorique majeur du théâtre romantique : même si son argumentation présente quelque faiblesse (cf. paragraphe précédent), elle constitue un carrefour et recherche un point d'équilibre entre les différentes tendances du romantisme français, qui reste plus classique que son voisin allemand. De plus, pour emporter l'adhésion, Hugo y déploie l'éclat d'un style qui fait de lui un de nos grands poètes en prose, et de son texte mieux qu'un texte didactique. On voit se succéder le ton épique pour évoquer l'avènement du grotesque, le ton satirique pour vilipender les règles classiques, surgir la métaphore pour rendre plus expressive son idée du théâtre : « L'idée trempée dans le vers prend soudain quelque chose de plus incisif et de plus éclatant. C'est le fer qui devient acier. »
2. Avec le recul, on s'aperçoit que son désir d'un théâtre total correspond à celui de tout un siècle. Hugo y revient d'ailleurs en 1864 dans son *William Shakespeare* (il aurait voulu être le Shakespeare de son temps). Mais c'est

encore une préface (à la traduction de Shakespeare faite par son fils François-Victor) : entre temps, le drame romantique a échoué et c'est l'opéra qui apparaît apte à combler ce désir, à offrir un spectacle qui soit non seulement « un régal des sens », mais aussi « la réalisation de l'imaginaire », comme le souhaitait Goethe. Le XIXe siècle finissant se met à croire avec Wagner à la réalisation de ce miracle.

3. Il renoue également avec l'alliance entre théâtre et poésie qui tenait à cœur à Hugo, et le mouvement symboliste essaie de sortir le théâtre de l'ornière où le mettaient le parti pris de privilégier le réalisme et le spectaculaire. Cette résurrection se concrétise avec le théâtre de Claudel : ses dimensions cosmiques illustrent peut-être mieux la *Préface* de *Cromwell* que ne le font les drames de Hugo lui-même, il trouve dans le verset la forme poétique véritablement libérée que le drame attendait, enfin il sait mêler le grotesque de ses personnages bouffons au sublime d'un théâtre qui met l'homme face à Dieu.

4. Mais le bouffon n'est pas tout le grotesque. Et la plénitude du grotesque, c'est plutôt dans un autre théâtre, né lui aussi du symbolisme, qu'on peut le trouver, celui de Jarry et de son « père Ubu ». Mélange indissoluble du bouffon et de l'horrible, ce théâtre, plus radicalement que celui de Hugo, dénonce la propension de l'art à se tourner vers le sublime et s'oriente de façon provocante vers tout ce qui est de l'ordre du corps et du « bas », le domaine du refoulé (cf. sujet 4). En parlant de la fécondité du grotesque, Hugo annonçait la prise en charge par le théâtre moderne de ce domaine (si on peut dire, car c'est précisément ce que l'homme ne domine pas) : l'inconscient fait son apparition dans le théâtre d'un Strindberg avant de s'imposer dans l'œuvre des surréalistes ; le corps grotesque, mutilé ou aberrant, image d'une existence absurde, envahit les pièces de Beckett (*Fin de partie, Oh les beaux jours*) et Ionesco (*Amédée ou comment s'en débarrasser, Rhinocéros*).

8.2 Esquisse de plan

Introduction

Utiliser le § 1 de l'analyse de l'énoncé, pour dégager sa dualité. De là découle une problématique comportant deux questions auxquelles vont correspondre les deux parties.

Première partie : que signifie la Préface *en tant qu'événement ?*

Utiliser l'**analyse** de l'énoncé :

– **une** préface (romantique) parmi d'autres : cf. analyse de a. 2 à c. 1 ;

– **la** *Préface* de *Cromwell* : les circonstances (c. 2) ; les motivations de Hugo (c. 2).

Deuxième partie : que signifie la Préface *en tant que texte ?*

– un manifeste romantique (fonction impressive*) : cf. problématique, 3.1 à 3.3 ;

Mais le romantisme est inséparable du lyrisme (fonction expressive*), ce qui introduit le paragraphe suivant :

– une expression du génie (au sens d'« individualité ») de Hugo (4) ;

– une œuvre-phare dans l'histoire de la théorie dramatique (fonction métalinguistique) : pour le présent, elle cristallise et synthétise le « credo » romantique, elle lui donne ses lettres de noblesse par sa qualité poétique (5.1) ; pour l'avenir : sa vive lumière a peut-être aveuglé le théâtre romantique, mais elle annonce le théâtre futur (5.2 à 5.4).

GLOSSAIRE

Catharsis : terme utilisé par Aristote pour désigner la « purgation des passions » qui fonde le plaisir éprouvé par le spectateur de théâtre.

Déictique : mot ou expression qui désignent les conditions de l'énonciation, dont le référent ne peut être déterminé que par rapport aux interlocuteurs.

Distanciation : terme qui traduit la notion forgée par B. Brecht de *Verfremdungseffekt* pour désigner la rupture de l'illusion théâtrale et la prise de conscience qu'opère le spectateur.

Fonctions du langage : Roman Jakobson (*Essais de linguistique générale*, 1963) a associé à chacun des facteurs de la communication une fonction qui domine dans le message.

La fonction *expressive* met l'accent sur la personnalité et les sentiments de l'émetteur.

La fonction *impressive* ou conative vise à agir sur le récepteur.

La fonction *référentielle* consiste à informer sur une situation ou une réalité.

La fonction *poétique* met l'accent sur la forme du message ; elle fait jouer le principe d'équivalence.

La fonction *métalinguistique* s'attache à expliciter le code dans lequel le message est transmis.

Horizon d'attente : concept de l'esthétique de la réception que H.R. Jauss définit ainsi : « le système de référence objectivement formulable qui, pour chaque œuvre au moment de l'histoire où elle apparaît, résulte de trois facteurs principaux : l'expérience préalable que le public a du genre dont elle relève, la forme et la thématique d'œuvres antérieures dont elle présuppose la connaissance, et l'opposition entre langage poétique et langage pratique, monde imaginaire et réalité quotidienne » (H.R. Jauss, *Pour une esthétique de la réception*, Gallimard, p. 49).

Intertextualité : notion introduite par J. Kristeva (*Recherches pour une sémanalyse*, 1969) pour désigner les rapports qu'un texte littéraire entretient avec un autre texte : rapprochements explicites ou implicites, conscients ou inconscients.

Ironie : expression, par une raillerie plaisante ou sérieuse du contraire de ce qu'on pense. Elle « fonctionne comme une subversion du discours de l'autre : on emprunte à l'adversaire la littérarité de ses énoncés, mais en introduisant un décalage de contexte, de style ou de ton, qui les rende virtuellement absurdes, odieux ou ridicules, et qui exprime implicitement le désaccord total de l'énonciateur » (Ph. Lejeune).

Modalisation : manifestation de la subjectivité dans le langage (par des modalisateurs).

Parodie : imitation du fond ou de la forme d'une œuvre dans une intention satirique ou simplement comique.

Paronyme : mot très voisin d'un autre mot par le son mais de sens différent : *infecter* et *infester*. La **paronomase** est une figure qui consiste à rapprocher des paronymes.

Principe d'équivalence : il gouverne la sélection des différents éléments d'un énoncé, chacun étant choisi dans un ensemble d'unités équivalentes (sur le plan grammatical, sémantique, phonique). Selon R. Jakobson, « la fonction poétique projette le principe d'équivalence de l'axe de la sélection sur l'axe de la combinaison » (*Essais de linguistique générale*, I, 1963), c'est-à-dire, que le poème organise des réseaux de signification qui s'ajoutent au sens littéral, puisque « chaque syllabe est mise en rapport d'équivalence avec toutes les autres syllabes de la même séquence » (*ibid.*). Les parallélismes phoniques (rime, allitérations, etc.) en sont l'illustration la plus visible. Voir A. Vaillant, *La Poésie*, Nathan, coll. 128, pp. 78-79.

Topique : pour la psychanalyse, conception des lieux psychiques ; dans la seconde topique, S. Freud distingue le *Ça*, le *Moi* et le *Surmoi*.

BIBLIOGRAPHIE

Cette courte bibliographie n'entend pas se substituer à celles que comportent les monographies traitant des différentes formes littéraires. Nous avons indiqué, en traitant certains sujets, des références culturelles indispensables (Valéry, Sartre, etc.) et des ouvrages critiques utiles (Bakhtine, Barthes, Genette, etc.). Nous nous bornerons donc à signaler les ouvrages généraux nécessaires à l'analyse du sujet et à l'élaboration du devoir.

• Dictionnaires :

Dictionnaire alphabétique et analogique de la langue française, de P. ROBERT, Utile notamment pour ses étymologies et ses exemples.

Dictionnaire de la langue française, de LITTRÉ. Pour la littérature antérieure à 1850.

• Grammaires :

La Grammaire d'aujourd'hui. Guide alphabétique de linguistique française, de M. ARRIVÉ, F. GADET, M. GALMICHE, Flammarion, 1986.

Le Bon Usage, de M. GRÉVISSE, Duculot, 1994, (13e édition refondue).

• Histoires littéraires :

La Littérature française, de C. PICHOIS, Arthaud, 1979. Présente le mouvement de la littérature dans son ensemble.

Histoire de la littérature française, sous la direction de D. COUTY, Bordas, 1988. Plus maniable et faisant précéder les monographies consacrées à des auteurs d'une étude des caractéristiques de chaque époque.

• Manuels

Littérature, textes et documents, collection H. Mitterand, Nathan. Pour sa richesse et ses index.

Histoire de la littérature française, collection H. Mitterand, t. 1 : Moyen Âge, XVIe, XVIIe, t. 2 : XVIIIe, XIXe, XXe, Nathan, 1988.

• Pour la dissertation littéraire générale on tirera profit des ouvrages d'A. CHASSANG et Ch. SENNINGER :

– *La Dissertation littéraire générale*, Hachette, 1972.

– *Les Textes littéraires généraux*, Hachette, 1981.

• Enfin, on trouvera un panorama exhaustif des différentes méthodes d'approche du texte dans l'ouvrage dirigé par M. DELCROIX et F. HALLYN, *Introduction aux études littéraires, méthode du texte*, Duculot, 1987.

INDEX DES NOTIONS

Dans la même collection

Domaine de la langue et de la littérature françaises

9. Françis Claudon et Karen Haddad-Wotling, *Précis de littérature comparée*
10. Alain Vaillant, *La Poésie*
12. Bernard Valette, *Le Roman*
14. Laurent Fourcaut, *Le Commentaire composé*
25. Michèle Aquien, *La Versification appliquée aux textes*
28. Emmanuel Bury, *Le Classicisme*
29. Anne Sancier-Chateau, *Introduction à la langue du XVIIe siècle - t. 1 Vocabulaire*
30. Anne Sancier-Chateau, *Introduction à la langue du XVIIe siècle - t. 2 Syntaxe*
31. Georges Forestier, *Analyse des textes classiques*
40. David Fontaine, *La Poétique*
51. Marie-Madeleine Fragonard et Éliane Kotler, *Introduction à la langue du XVIe siècle*
70. Georges Sebbag, *Le Surréalisme*
79. Alain Couprie, *Le Théâtre*
84. Catherine Fromilhague, *Les Figures de style*
93. Gérard Gros et Marie-Madeleine Fragonard, *Les Formes poétiques du Moyen Âge à la Renaissance*
105. Jean Rohou, *L'Histoire littéraire*
109. Guy Larroux, *Le Réalisme*
117. Françoise Lafarge, *L'Explication de texte à l'oral*
128. Henri Mitterand, *La Littérature française du XXe siècle*
130. Jean Bellemin-Noël, *Psychanalyse du texte littéraire*
135. Paule Petitier, *Littérature et Idées politiques au XIXe siècle (1800-1870)*
147. Frédéric Calas, *Le Roman épistolaire*
149. Jean-Philippe Miraux, *L'Autobiographie*
162. Yves Reuter, *Le Roman policier*
163. Michèle Aquien et Jean-Paul Honoré, *Le Renouvellement des formes poétiques au XIXe siècle*
164. Laurent Fourcaut, *Lecture de la poésie française moderne et contemporaine*
166. Jean Philippe Miraux, *Le Personnage de roman*
171. Ruth Amossy et Anne Herschberg Pierrot, *Stéréotypes et Clichés. Langue, discours, société*
177. Frank Évrard, *Fait divers et Littérature*
178. Annie Clément-Perrier, *Claude Simon. La Fabrique du jardin*
188. Micheline Kessler-Claudet, *La Première Guerre mondiale dans le roman européen*
189. Géraldi Leroy, *Les Écrivains et l'Histoire (1916-1956)*
191. Jean Philippe Miraux, Maurice Blanchot, *Quiétude et inquiétude de la littérature*
196. Catherine Pont-Humbert, *Littératures du Québec*
205. Françoise Juranville, *1715-1750 : le matin des Lumières*
207. Claude Murcia, *Nouveau Roman, nouveau cinéma*
222. Florence Bancaud-Maënen, *Le Roman de formation au XVIIIe siècle en Europe*
228. Daniel Delas, *Littératures des Caraïbes de langue française*
229. Jacques Chevrier, *Littératures d'Afrique noire de langue française*
230. Sylvie Durrer, *Le Dialogue dans le roman*

11004517 – (II) – (1,8) – OSB 80° – (BTT)
Dépôt légal : janvier 2007